IHE MWUBE ULỌ

AISAIA 58 NKE ULỌ AKWỤKWỌ ỌZỤZỤ NKE NGAGHARI

ALL NATIONS INTERNATIONAL

Ihe Mwube Ulọ
Aisaia 58 Nke Ulọ Akwụkwọ Ọzụzụ Nke Ngaghari

© Nwebisiinka 2020 site na Mba Nile
nke uwa Ikike niile echekwabara

ISBN: 978-1-950123-74-2

Aisaia 58 Nke Ulọ Akwụkwọ Ọzụzụ Nke Ngaghari dị maka iji mee usoro ọzụzụ.

*Scripture quotations are taken from the
Igbo Bible © Bible Society of Nigeria © 1906, 2006*

Maka ama ndị ọzọ ma ọ bụ naịtụ akwụkwọ ndị ọzọ nke akwụkwọ ntuziaka a:

email: is58mti@gmail.com
contact us: www.all-nations.org
online course: is58mti.org

Cover Art: Julian Peter V. Arias and Eve Lorraine Rivers Trinidad

CONTENTS

Preface	ix
Okwu Mmalite	xi
Okwu Nkowa	xiii
Ihe Mwube Ulọ - Okwu Mmalite	xv
1. Ikwe udo zuru oke nke Chineke	1
Ka anyị Nyochaa: Ikwe Udo zuru oke Chineke	21
2. Àgwà ma ọ bụ nbụli elu	25
Nyocha: Àgwà ma ọ bụ nbụli elu	33
3. Jehova, I gēdoro ayi udo	37
Nyocha: Jehova, I gēdoro ayi udo	43
4. Agha Ime Mmụọ	45
Nyochaa: Agha Ime Mmụọ	69
Ajụjụ: Agha Ime Mmụọ	73
5. Esemokwu mgbanwe	77
Nyochaa: Ntughari esemokwu	87
6. Nke Enweghị aha ọma	93
Nyochaa: Enweghị aha ọma	105
7. Ndị ọzụzụ atụrụ na Atụrụ	107
Nyochaa: Ndị ọzụzụ atụrụ na atụrụ	115
8. Okwukwe Na-arụ Ọrụ Site ihụnanya	119
Nyocha: Okwukwe Na-arụ Ọrụ Site ihụnanya	135
9. Ihe-Ọtùtù	139
Nyocha: Ihe-Ọtùtù	151
10. Nkwupụta Ọhụụ	155
Nyochaa: Nkwupụta Ọhụụ	163
11. Otuto na Ofufe	167
Nyochaa: Otuto na Ofufe	175
12. Gbagotenu n'ịhụnanya Ya	179
Nyochaa: Gbagotenụ elu n'ihụnanya Ya	193
13. Ebee ka anachọta Okwu?	197
Nyochaa: Ebee ka ị ga ịchọta Okwu?	205

Ajụjụ: Ebee ka a ga-chọta Okwu? 207
14. Hà Maara Gị? 211
Nyochaa: Ha Maara Gị 217
Igodo 221

Acknowledgments 231

We dedicate this manual:
To those who wanted to know... but never had a teacher.
To those who looked for the vision... so that they could run with it.
To those who want to know "What's Next?"
To those who knew they were teachers... but did not know what to teach.
To those who are looking for Christ in Us the Hope of Glory!
May this manual reveal to you Jesus Christ and
May the peace that He has ordained for you be with you always.

PREFACE

As we travel around the world, we see pastors and leaders struggle with, "What to teach their people." Maybe they have never had Bible School training... and may never be able to afford it.

Our cry is that God will read this to you... that He will impart His Gospel to your heart, that He will train you, and that you will experience the freedom, peace power and ability to demonstrate His Love to the Nations.

May we all work together while there is time.... That He alone may be glorified.

Let Jesus take you to the Nations.....

Teresa Skinner
    Director

"And this gospel of the kingdom shall be preached in all the world for a witness unto all nations; and then shall the end come." Matthew 24:14

OKWU MMALITE

Na aro 1984, Chineke nyere Rev Agnes I. Numer ihe mkpughe gbasara Aisiah 58. Ogwara ya si 'Nke a bu ihem choro maka nzuko mu na oge ugbua. Ogosikwara ya ugbo elu, okporo uzo train, ulo ebe ana akwokoba ihe na ebe ozuzu di iche iche.
  Rev. Numer mepere ebe ozuzu gburu gburu ebe ndi nkuzi na abia na amuru ihe omimi, olilie anya, na na kwadobe maka uzo nke ala eze Chineke. Ndi nkuzi a tinyere ihe ha mutara n'olu na mba di iche iche. Chineke we buru ha Jehovah Jireh!
  Chineke gosikwara Rev. Agnes .I. Numer ulo akwukwo nke ozioma ga ekwusa maka ala eze Chineke nye mba n'ile.
  Aisiah 58 Ozuzu Nke Eji Agaghari di na akwukwo edere ede Ma dikwa na format eBook.
Ndewo.
All Nations International

Jehova we zam, si, De ọhù ahu n'elu mbadamba-

ihe di iche iche, tu ya akika, ka onye nāgu ya we ḅa ọsọ.

— HABAKKUK 2:2

Ihe nile i nukwara n'ọnum site n'etiti ọtutu ndiàmà, nye ihe ndia n'aka madu ndi kwesiri ntukwasi-obi idebe, bú madu ndi ọ gēkwe kwa izí madu-ibe-ha ihe ndia.

— 2 TIMỊ TI 2:2

Rev. Agnes I. Numer, also known as the "Mother Teresa of America" passed away July 17, 2010 at 95 years of age. She has leaves behind a tremendous legacy.

OKWU NKOWA

Ka anyị na-agagharị na ụwa niile, anyị na-ahụ ndị ọzụzụ atụrụ na ndị isi na mgbagwoju anya na eche "Ihe ha ga-akụziri ndị ha." Eleghi anya ha enwetụbeghị ọzụzụ ụlọ akwụkwọ Bible ... ma ọ bụ na ha agaghị enwe ike ịkwu ugwu ya.
    Akwa anyi bu ka Chineke guu ro gi edemede a ... na Ọ ga-ekunye Ozi-ọma ya n'obi gị, na Ọ ga-azụ gị, na ị ga-enweta nnwere onwe, ike, udo na ike iji gosi ịhụnanya ya n'ebe ndị mba uwa n'ile
    Ka anyị niile were ugbua oge ka di ruo oru a.... Ka naani ya nara otito.

Kwe ka Jizọs kuru gi nye mba nile....

"Aga ekwusa kwa ozi ọma nka nke ala-eze elu-igwe n'elu uwa dum ka ọ buru àmà nye mba nile; mb thene ahu ka ọgwugwu ihe nile ga eru kwa" Matiu 24:14

IHE MWUBE ULỌ - OKWU MMALITE

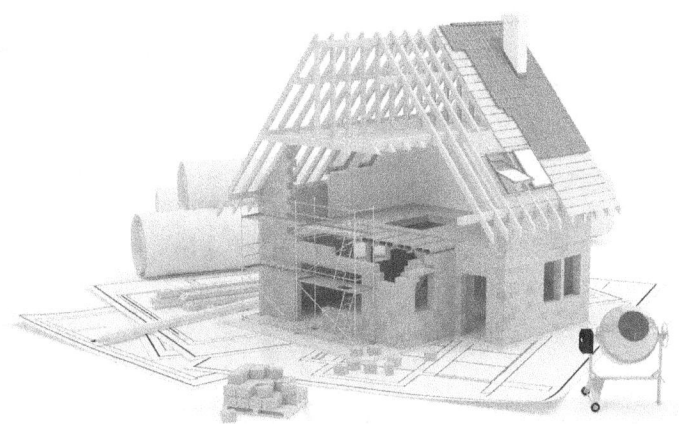

Gosipụta ihụnanya nke Chineke.

Kedụ ka anyị si egosipụta ihụnanya nke Chineke? Kedụ ka anyị si anụ olu Chukwu ịmata mkpa nke ndị ọzọ? N'ime anyị "enweghị mmetụta" ihụnanya nke Chineke. Anyị enwetụbeghị ịhụnanya Chineke n'ebe ndị ọzọ nọ. Kedu ka anyị ga-esi si ebe a rue ebe ahụ? Ma anyị maara na Jizọs kwuru, "Madu nile gēji nka mara na unu bu ndi nēso uzọm, ọ buru na unu enwerita ihu-n'anya n'ebe ibe-unu nọ." Jọn 13:35. Ntọala ndị a bụ igodo nke Chineke nyeworo anyị site n'okwu Ya iji duzie anyị baa n'ịhụnanya Ya nke na-esite n'aka anyị gakwuru ndị mba ọzọ.

Anyị ga-eburịrị ụzọ mata ịhụnanya Ya ma nlekọta Ya banyere anyị. Anyị ga-ahụrịrị ọrụ ebube okike Ya nyere anyị. Anyị ga-adị ka Ya ma were obi ịhụnanya Ya dochie obi nke nkume anyi.

Kwee ka okwu Chineke mee ka obi gị dị ọhụrụ, sachaa uche gị ma weta mkpughe nke echiche ya maka mba niile ka ị na-agụ ma na-ekpe ekpere site na ihe ndị a **Ntọala ndị a maka Ndu Ya na ịhụnanya ya na-esite n'aka anyi ruo ndi mba ọzọ.**

CHAPTER 1
IKWE UDO ZURU OKE NKE CHINEKE

I. Okwu mmeghe

N'ụtụtụ a, enwere m mmetụta na Onye-nwe anyi chọrọ ịkọrọ gị akụkụ akwụkwọ nsọ a. Nke a bụ akụkụ Akwụkwọ Nsọ dị oke mkpa na ozi anyị ruo ọtụtụ afọ, akụkụ nke ntọala anyị nke Chineke debere na ndụ anyị. Ọ bụ akụkụ nke ndụ anyị: ka anyị dịrị ka Ọ dị. Enwere ọtụtụ ndị mmadụ na-gba mgba ugbu a, ọbụnári n'etiti anyị, mana enwere ụzọ nke Chineke mere anyị nke Ọ ga-ejimere anyị ya ma ọ bụrụ na anyị geburu ya enye ya. Ọ bụrụ na anyị edebe ya, mgbe ahụ anyị ga-aba na nsogbu, anyị ga-agakwa na-ekwere ụgha, ndị iro ga-aga n'ihu na-emebisi anyị.

Ma Chineke nwere ozịza ya n'Okwu ya n'ihi na Jizọs mezuru ya n'obe.

KA ANYỊ GỤỌ AISAIA 26:1-15

1 N'ubọchi ahu ka agābù abù a n'ala Juda: Obodo siri ike ka anyi nwere; nzọputa ka O gēdo ka ọ buru mgbịdi-ya nile na ékpè-ya.

2 Meghenu ọnu-uzọ-ama nile, ka mba nke nēme ezi omume nke nēdebe ikwesi-ntukwasi-obi nile we ba nime.

3 I nēchebe onye emeworo ka uche-ya dabere na Gi, ọ we nādizu n'udo: n'ihi na ọ bu Gi ka o nātukwasi obi.

4 Tukwasinu obi na Jehova rue mḅe nile ebighi-ebi: n'ihi na Ja Jehova bu oké nkume nke mḅe nile ebighi-ebi:

5 N'ihi na O budawo ndi bi n'elu, bú obodo di elu: Ọ nēme ka ọ di ala, Ọ nēme ka ọ di ala ọbuná rue ala: Ọ nēme ka ọ darue ájá.

6 Ukwu gāzọda ya; bú ukwu abua nke onye ewedara n'ala, ha na nzọ-ukwu nke ndi nēnweghi ike.

7 Uzọ onye ezi omume nēso bu izi-ezi nile: Gi onye ziri ezi nēme ka uzọ onye ezi omume di lari.

8 Ọzọ, n'uzọ nke ikpé-Gi nile, Jehova, ka ayi leworo anya Gi: aha-Gi na ncheta-Gi nāti nkpuru-obi-ayi akpiri.

9 Na nkpuru-obim ka akpiri Gi nātim n'abali; e, mọm nke di nimem ka m'gēji chọsie Gi ike: n'ihi na mḅe ikpé-Gi nile nādakwasi uwa, ezi omume ka ndi bi n'elu-uwa dum madu bi mutaworo.

10 Asi na emere onye nēmebi iwu amara, ọ gaghi-amuta ezi omume; n'ala nke izi-ezi nile ọ gēme ajọ omume, ma ọ gaghi-ahu idi-elu nke Jehova.

11 Jehova, ebuliwo aka-Gi, ma ha adighi-ahu: ha gāhu ekworo I nēkworo ndi-Gi, ihere ewe me ha; ọzọ, ọku nke ndi nēmegide Gi gērichapu ha.

12 Jehova, I gēdoro anyi udo: n'ihi na ọ bu kwa ọlu nile nke anyi ka I luworo n'ayi.

13 Jehova, Chineke-anyi, ndi nwenu ọzọ enwewo ayi, ọ bughi nání Gi; ma ọ bu nání site na Gi ka anyi gēhota aha-Gi.

14 Ndi nwuru anwu adighi-adi ndu; ndi nādighi ndu

adighi-ebili: n'ihi nka ka I letaworo ha we kpochapu ha, me ka ncheta nile nke diri ha la n'iyì.

15 I tukwasiwo madu na mba nka, Jehova, I tukwasiwo madu na mba nka; I natawo nsopuru: I mewo ka nsotu nile nke ala di anya.

Jizos kwusiri ugwo maka anyi ebe ahu ka anyi were Okwu ya wee kwere Okwu ya wee nara Okwu ya. O kwuru, si, "Eluigwe na uwa ga-agabiga, ma okwu m agaghi agabiga agabiga." Otu a ka Okwu Ya siri di anyi n'aka ma o buru na anyi ekwere. "Ma n'ubochi ahu ka agābù abù a n'ala Juda." Ugbu a ana m akpo "ubochi ahu" taa. M na-akpo ya "taa". Ubochi a ka O gha emere anyi ya. Nke a bu ubochi anyi ga-aga soro Juda buku abu a! O siri "n'ala Juda..." Anyi no n'ala Juda, ko o bu na anyi anoghi ya? Amin. "Anyi nwere obodo siri ike, nzoputa ka Chineke ga-eme ka o buru mgbidi na mgbidi nchebe.

"Meghee onu uzo..." Nke ahu bu ihe anyi ga-eme. Anyi ga emeghe nye Onyenwe anyi. "...ka mba ezi omume nke na-edebe eziokwu wee banye." Ugbu a nke a bu otu ndi mmadu. Kedu udi ndi mmadu? Ndi ezi omume. Nke neme? Ndi na-edebe eziokwu.

Taa enweghi ike ikwu eziokwu ebe o bula. Akwukwo nso kwuru na a tubara eziokwu n'okporo uzo. A tubara ikpe ziri ezi n'okporo uzo. Nke ahu bu ihe di taa. Nke a bu ubochi O na-ekwu maka ya. "Meghenu onu-uzo-ama nile, ka mba nke nēme ezi omume nke nēdebe ikwesi-ntukwasi-obi nile we ba nime."

Ugbu a o buru na anyi enweghi eziokwu ahu, anyi agaghi enwe ike idebe eziokwu ahu, ka anyi enwere ike? Amaara m otutu ndi na-acho ighogbu Chineke, Mana ha choro ihe nke uwa, ma chokwa ka-akpo a ndi ne so uzo Kraist. Nke ahu emeghị ka anyị bụrụ ndi ne so ụzọ Kraịst. Ihe mere anyi jiri buru ndi nke Kraịst bu na anyi nedebe eziokwu. Inwe Kraist n'ime obi anyi na ndu anyi na ime ihe Okwu Ya kwuru ka anyi mee na idebe eziokwu.

II. "I Ga edobe ya n'udo zuru oke…"

"I nēchebe onye emeworo ka uche-ya dabere na Gi, ọ we nādizu n'udo: n'ihi na ọ bu Gi ka o nātukwasi obi." Ọ dị mma. Ọ bụrụ na anyị edebe eziokwu ahụ, ọ bụrụ na anyị bụ ndị ezi omume, mgbe ahụ anyị ga-abụ ndị ezi omume n'ezi omume nke Chineke. Anyị enweghị ezi omume nke anyị. Ị mara na anyị nwere atụmatụ. Anyị na-asị, "Ọfọn, nke a na nke a na nke a bụ ihe m ga-em". Ma ọ bụ "nke a na nke a bụ ihe m na-eme ma ọ dịghị onye ga-agbanwe m." "Aga m eme nke a, na nke a na nke a." Na mgbe ahụ ịsi na ị bụ Onye nke Kraịst? Hmm… Ọ gaghị arụ. **Imebi nguzo dị n'ụwa taa na-ebibi Ndị nke Kraịst.**

Enwere ilu, a na-akpọ ya Ọgha Mkpụrụ. E nwekwara amaokwu na Onye Ọgha Mkpụrụ nke na-ekwu na ụfọdụ dabara n'etiti ihe mgbochi na ogwu o wee kpagbuo ha. Nlekọta nke ndụ a, akụnụba nke ndụ a, ihe ụtọ nke ndụ a kpagburu ya, rue mgbe ọ mịghị mkpụrụ nzuru okè.

Nke ahụ bụ ọnọdụ nke ụka Kraist taa. Gịnị kpatara? Unu Olee na-echegbu onwe unu? Ina-echegbu onwe. Gịnị mere ị na-echegbu onwe? Nlekọta nke ndụ a. Kedu Ihe na eme mgbe anyị nwere nlekọta nke ndụ a ma anyị ekwe ka ha gbochie anyị? Anyị na-echegbu onwe anyị ma anyị anaghị amị mkpụrụ.

Gịnị bụ mkpụrụ osisi nke Chineke nachọ na ndụ anyị? "Mba ezi omume a nke na-edebe eziokwu…" Mmadu ole n'ime unu nwere udo zuru oke? Ichoro okwu a. Amin. "I nēchebe onye emeworo ka uche-ya dabere na Gi, ọ we

Ikwe udo zuru oke nke Chineke 5

nādizu n'udo: n'ihi na ọ bu Gi ka o nātukwasi obi.." Kedu ihe kpatara na anyị enweghị udo zuru oke? Nihi na uche ayi adigideghi na Ya. Ugbu a, ị ga-asi, "Kedu ka m ga-esi tinye uche m na Onyenwe anyị oge niile? Enweghị m ike iche ihe ọ bụla ọzọ." Nke ahụ abụghị ihe ọ na-ekwu. Ugbu a, m ga-enye gị akụkụ Akwụkwọ Nsọ ọzọ: "Tukwasinu obi na Jehova rue mḅe nile ebighi-ebi: n'ihi na Ja Jehova bu oké nkume nke mḅe nile ebighi-ebi: N'ihi na O budawo ndi bi n'elu, bú obodo di elu: Ọ nēme ka ọ di ala, Ọ nēme ka ọ di ala ọbuná rue ala: Ọ nēme ka ọ darue ájá...." Ugbu a, onye ka anyị chere na anyị bụ na Chineke ga-ewepụ otu obodo ma mee ka ọ bụrụ ntụ. Anyị ga-eguzo n'ihu Ya wee kwupụta "Aga m eme ihe m n'ụzọ m"? Ebee ka ị chere na anyị ga-anọ? Anyị ga-aghọ ntụ, ọna ọ bụghị anyị? Anyị enweghị ike ime ya. Chineke nwere ụzọ ka mma. Amin. Uzọ zuru oke. Uzọ nke uche anyị ga-anọn'ime Ya ka anyị wee nwee udo Ya zuru oke n'ime anyị.

III. "Ndị Bi n'Uwa Ga-amụta Ezi Omume"

Ugbu a, amaokwu na-esonụ na-ekwu, sị: "'onye ga-azọda obodo? Ọbụna ụkwụ ndị ogbenye na nzọụkwụ nke ndị nọ ná mkpa." Kedu ihe ha na-achọ iji ndị na-enweghị ebe obibi, ndị ogbenye, na ndị nọ ná mkpa taa? Ọtụtụ n'ime ha nọ n'okporo ámá. Ọginị ga-eme obodo ahụ? A ga-azọda ya ụkwụ. Ọ ga-aga n'ájá. "Uzọ onye ezi omume nēso bu izi-ezi nile: Gi onye ziri ezi nēme ka uzọ onye ezi omume di lari. Ọzọ, n'uzọ nke ikpé-Gi nile, Jehova, ka ayi leworo anya Gi: aha-Gi na ncheta-Gi nāti nkpuru-obi-ayi akpiri. Na nkpuru-obim ka akpiri Gi nātim n'abali; e, mọm nke di nimem ka m'gēji chọsie Gi ike: n'ihi na mḅe ikpé-Gi nile nādakwasi uwa, ezi omume ka ndi bi n'elu-uwa dum madu bi mutaworo."

Ka anyị kwụsịtụ n'amaokwu a obere oge... "n'ihi na m̱be ikpé-Gi nile nādakwasi uwa, ezi omume ka ndi bi n'elu-uwa dum madu bi mutaworo." Anyị, na mba a, na-anwa ịsị na Chineke adịghị, iwepụ Ya na ndụ ọha anyị niile, na-anwa iwepu Ya n'ime ihe niile nke gbasara ọha. Ma Ọ na-ekwu, "n'ihi na m̱be ikpé-Gi nile nādakwasi uwa, ezi omume ka ndi bi n'elu-uwa dum madu bi mutaworo." Ugbu a ikpe Chineke dị n'ụwa. O gbochiri ya ne ru oge Ọ kara aka, ma anyị anọwo n'oge ahụ a kara aka, kwere m, mgbe Chineke m ge kpe ikpe ihe niile anyị na-eme ma na-ekwu ugbu a. Ọ bụrụ na anyị bụ nke Ya, ma ọ bụrụ na anyị chọrọ ka Ya bụrụ ihe niile na ndụ anyị, Ọ malitere ibe ákwá, "...mọm nke di nimem ka m'gēji chọsie Gi ike." Ị mara, ndị mmadụ na-atụ egwu ikpe Chineke, mana ikpe Chineke bụ iji bibie ọrụ ekwensu. Ọ dị mma? Ikpe Chineke abughi megide mmadu, o megide ekwensu n'ihi na oru nke ekwensu no n'ime mmadu. Ọ chọrọ iwepu ya ma weta ezi omume Ya n'ime onye ọbụla n'ime anyị. O kwuru na ndị bi n'ụwa ga-ma eleghị anya, ọ bụghị ikekwe, kama ọ ga-amụta ihe? Ezi omume.

Ị hụrụ ụwa dị n'ọgba aghara dị? O kpebisiri ike ibibi ezi omume, o kpebisiri ike ibibi eziokwu, o kpebisiri ike ibibi ikpe ziri ezi na ikpe ziri ezi. Ma Chineke ji Okwu Ya kpebisie ike na ikpe Ya ga-ebu ụzọ. Na ikpe ya ga-abịa n'ezi omume. Ndi bi n'uwa g'amuta ezi omume. Kedu ka esi eme ya? Chineke nwere ọtụtụ ụzọ isi mee ya. O nwere ọtụtụ ụzọ osi eme ya na ndụ anyị, ọtụtụ ụzọ oji emeso anyị ihe n'ihi na Ọ chọrọ ka ihe efu niile a pụọ na ndu anyị ma chọkwa ka anyị dị ọcha n'ezi omume Ya na eziokwu Ya. Ndi ezi omume na ndi nedebe ezi-okwu. Ugbu a Ọ naghị ahapụrụ anyị nke a ka anyị gbanwee onwe anyị. Ọ na-arịọ anyị ka anyị hapụ

Ya ko me ya. Ọ chọrọ ime ya, na mgbe Ọ ga-eme ya, ọ ga-ezu ezu na zue nke ọma na zue oke. Ọ ziri ezi? Mgbe ahụ Ọ gara n'ihu kwue si, "...Asi na emere onye nēmebi iwu amara, ọ gaghi-amuta ezi omume." N'ihi gịnị? N'ihi na ha dị njọ. Ha chọrọ ịmata onye Chineke bụ. Ha achọghị ikwenye na Chineke na-achị ụwa a, ha dịkwa njọ, ha dị ojọọ n'ihe niile; akụkụ nile nke ha bụ ihe ọjọọ. Chineke adịghị emere ha ihe a, n'ihi na ha agatụghị abụ ndị ezi omume. Ma ha ga-ahụ ikpe ma ha ga-ekwupụta na Chineke na-eme ya, ọbụlagodi na ha jụrụ ịnakwere ya, ha ga-enwerịrị ya. "Asi na emere onye nēmebi iwu amara, ọ gaghi-amuta ezi omume; n'ala nke izi-ezi nile ọ gēme ajọ omume, ma ọ gaghi-ahu idi-elu nke Jehova." Ọ gā jụ, nihi na n'ime ajọ omume ya, ọ chọghi ima Onye-nwe-ayi. "Jehova, ebuliwo aka-Gi, ma ha adighi-ahu: ha gāhu ekworo I nēkworo ndi-Gi, ihere ewe me ha; ọzọ, ọku nke ndi nēmegide Gi gērichapu ha." Ọchị ikpeazụ bụ nke Chukwu, maka na ajọọ omume a ha na-ejidesi ike, Chukwu ga-ezipụ ọkụ were gbaa ya ọkụ. Mana n'ime ka ọ na-ere ọkụ, ha ga-agba ọkụ, maka na ha jụrụ ikweta Chineke na Onyenwe anyị.

IV. "Onye-nwe-anyị, ị ga edoziri anyị udo..."

"Jehova, I gēdoro anyi udo: n'ihi na ọ bu kwa ọlu nile nke anyi ka I luworo n'ayi." Kedu ihe Ọ na-eme ugbu a? Ọ na-ewepụ ọrụ nile nke anụ arụ, Ọ na-ewepụ ọrụ ekwensu. Ọ na-ewepụ ihe ndị a niile ma na-etinye ọrụ Ya n'ime anyị. "...I luworo ..."

Kedu ihe nke ahụ pụtara? Gịnị ka okwu a "rụrụ" pụtara? kpụrụ. Ọ na-akpụ anyị na ezi omume Ya. Ọ na etinye ọrụ Ya n'ime anyị. Ma mgbe ụfọdụ, anyị anaghị eche otu ahụ. Anyị na-eche ihe ndị a niile. Anyị na-eche ebe ezi omume Ya dị, mana Ọ na-eme ihe n'ebe ahụ. Ọ na-akpalite ya ka ọ nwee ike ịbịaru elu, ya mere O nwere ike ịgbapụ ya. Amin... "Jehova, I gēdoro anyi udo: n'ihi na ọ bu kwa ọlu nile nke anyi ka I luworo n'ayi." Ọ bụghị ọrụ anyị kama ọ bụ ọrụ Ya. Ọ na-agbanwe anyị. "Unu ekwe-kwa-la ka eme ka unu yie ajọ oge a: kama ka enwogha unu site n'ime ka uche-unu buru ihe ọhu."

Ya mere, gịnị ka Chineke na-eme ebe a? "I nēchebe onye emeworo ka uche-ya dabere na Gi, ọ we nādizu n'udo: n'ihi na ọ bu Gi ka o nātukwasi obi." Chineke ji uche anyị arụ ọrụ ugbu a. Amin. "Jehova, Chineke-anyi, ndi nwenu ọzọ enwewo ayi, ọ bughi nání Gi; ma ọ bu nání site na Gi ka anyi gēhota aha-Gi. Ndi nwuru anwu adighi-adi ndu; ndi nādighi ndu adighi-ebili: n'ihi nka ka I letaworo ha we kpochapu ha, me ka ncheta nile nke diri ha la n'iyì."

Ka anyị laghachi. Ndi nwenu ọzọ enwewo ayi. Kedu ihe ọgbaghara nke anyị ji ndụ anyị mee. N'ihi na anyị ahọrọghị ezi omume. Anyị ahọrọghị eziokwu. Gini mezie? Ihe ndị a niile batara n'ime ndụ anyị ịchị anyị. Akụkọ anyị dị ọtụtụ ma dịgasị iche na onye ọ bụla na ndụ anyị. Mana enwere otu ihe nke bu eziokwu: mgbe Jizọs mmechara na anyi, anyi we kwe Ya ka Oru oru a n'ime anyi, anyi ga-abu ndi ezi omume, anyi ga-edebekwa eziokwu, anyi ga inwe udo zuru oke.

Ọ na-ekwu maka ndị nwenụ a niile. Ugbu a, anyị nwere ike ịme ogologo ndepụta nke ha, Ọ na anyị enweghị ike? Ogologo ndepụta nke ndị nwenụ na-enye anyị nsogbu oge niile, na ọtụtụ n'ime ha abụghịdị eziokwu. Ndị isi a na-abịa eleta anyị kwa ụbọchị, ha na-ata anyị ahụhụ, na-agha ụgha nye anyị, ha na-agwa anyị ihe ndị a niile, ma ha abụghị eziokwu. Ma ha na-achị anyị. Gịnị mere ha ji achị anyị? Maka na anyi enyeghi Chineke ike ahu. Anyi edebela ya,

Ikwe udo zuru oke nke Chineke   9

ma kwe ka o chia anyi, ya mere "...ndi nwenu ọzọ enwewo ayi."

"Oh, Ọ dị mma, otú ahụ bụ otú m dị, "Anụla m ka ndị mmadụ na-ekwu." Ọ bụrụ na ndị mmadụ ga-enwe mmasị n'ebe m nọ, ha ga-enwe mmasị n'ebe m nọ otúa ... n'ihi na ọ bụ otú ahụ ka m dị." M na-ele ha anya ma na-emetere ha ebere, n'ihi na Onyenwe anyị chọrọ ịgbanwe ndụ anyị ma mee anyị otú ọ dị. Chineke nwere atụmatụ doro anya ibibi ndị nwenụ ahụ. Ma, anyị nwere mkpebi anyị ga-eme. Ugbu a gee ya ntị. "...Ewezuga gi, ndi nwenyi ndi ozo achiwo anyi, ma nani Gi, nani site na Onyenweanyi, anyị ga-akpọ kụ aha gị. Naanị site n'aka Onyenwe anyị ka Ọ ga-eme.

Ma gịnị? Anyị ga-ahapụ Ya ka ọ mee ya. "Ma ọ bu nání site na Gi ka anyi gēhota aha-Gi." Anyị ga-ewetara ya Onyenwe anyị, anyị ga-eji mkpebi siri ike weta ya anyị agaghị eweghachi ya, anyị chọrọ inwere onwe anyi na ya. Mgbe anyị nyere ya nke a bụ ihe Ọ na-eme. Gịnị ka ọ bụ? Ọ na-ekwu na ha anwụọla. Gịnị wee mee zie? Ndi nwuru anwu adighi-adi ndu; ndi nādighi ndu adighi-ebili: n'ihi nka ka I letaworo ha we kpochapu ha, me ka ncheta nile nke diri ha la n'iyì." Ọ bụrụ na ị nwụrụ ma elie gị, ị gaghị ebili. Ya mere O mere ka o di nma nke na odighi inwe obi abua n'uche gi ihe O gha eme. N'ezie? "ma ọ bu nání site na Gi ka anyi gēhota aha-Gi. Ndi nwuru anwu adighi-adi ndu; ndi nādighi ndu adighi-ebili: n'ihi nka ka I letaworo ha we kpochapu ha, me ka ncheta nile nke diri ha la n'iyì."

Ugbu a, anyị chere na ọ bụ akụkụ agaghị ekwe omume, n'ezie? Mana ọ bụrụ na anyị enye Ya ya, ma Ọ bibie ya niile, mgbe ahụ Ọ rụzuru ya, mee ka ncheta ha niile laa n'iyi.

"I tukwasiwo madu na mba nka, Jehova, I tukwasiwo madu na mba nka; I natawo nsọpuru: I mewo ka nsọtu nile nke ala di anya." Achọrọ m ịgwa gị taa na amaara m na okwu a bụ eziokwu, na ọtụtụ ndị nọ ebe a maara eziokwu nke okwu a. Ọ dị ike, mana ọ dịịrị anyị. Ọ dịịrị anyị ma ọ bụrụ na anyị chọrọ ibi ndụ dị ka ekwensu, ma chọ ka ekwensu na-achị anyị, ma chọ inata ahụhụ ehihie na abalị, wee sị na anyị bụ Ndị Kraịst.

Ọ bụghị Onyenwe anyị. N'ihi na O meela ka anyị nwee udo zuru oke. Ma ọ bụghị naanị udo na-abịa otu oge. "... ga-edebe ya, ga-echedo anyị, n'ime udo zuru oke."

M ga-ekpe ekpere maka gị taa, ị ga-enwe udo, ma echi ị gagi enweghị ya. Mba, O bibiri ihe ndị ahụ ma lie ha, ha agaghị ebili ọzọ.

V. Jizọs Bibiri "Agadi nwoke Nmehie Ahụ"

ị mara, azụrụ m n'ọgbakọ nke kwuru maka ido nsọ. Mgbe m bidoro ịgụ Okwu ahụ etu Chukwu siri nye m ya, ahụrụ m ihe dị iche. Ha na ekwu okwu banyere agadi nwoke nmehie. Ị zutere ya mgbe ọ bụla? ị mata go onye ọbu mgbe ọ bụla? O meela ka ọtụtụ ndị Kraịst nwee mgbagwoju anya. Ị maara ihe nke ahụ pụtara? Echeburu m na, ọ bụ nke anụ ahụ gị na-egosi. Nke a bụbu ihe a na-ekwu na ụka a zụlitere m na ya. Ọ bụrụ na i weliri olu gị elu ma ọ bụ kwuo ihe ha na-akwadoghị, "Oo, nke ahụ bụ omume anụ ahụ gị na-egosi!" Enwetara m akụkọ maka gị. **Jizọs kwuru na O were ya gaa n'obe**. Ọ gbaghaara anyị mmehie anyị site n'ọbara Ya awụsịrị. O bibiri nmehie nke Adam n'ime gi, gini ka O mere? O were ya gaa n'obe. Ọ bụ ọbụbụ ọnụ nke e tinyere site na ọdịda nke mmadụ..

Jizọs weere ya gaa n'obe. Mgbe e mere anyị baptizim n'ime mmiri, anyị nwere ihe ùgwù iburu "agadi nwoke" ahụ gaa ebe ahụ lie ya. Ọ ga-ahapụ anyị ka anyị buru agadi nwoke mmehie ahụ... kama O bibiri ya n'elu obe, bibie ike ya n'elu obe... maka Onye Kraịst ọ bụla, nke ga-anụ ya wee rube isi. I rida na miri ahu, ni ili gi na Jehova, ili kwa agadi ahu n'ebe ahu. Ọ dịghị ndụ mgbe ị gbadara ala. Ọ nwụọlarị, ọ nwụrụ n'obe. Ma ị nwere ihe ùgwù nke ili ya, n'ihi ya ị maara nke ọma na ọ dịghị ndụ.

Lee obi iru ala ọ bụụrụ m mgbe Chineke meghere akụkụ Akwụkwọ Nsọ ahụ n'ihi na echere m na n'oge ndụ m niile, aga m anagide agadi nwoke ahụ mehiere wee soro Jizọs jee ije. Ekele dịrị Chineke na ọ bụghị eziokwu! Anyị nwere ike ịnwe ọtụtụ ihe anyị kwesịrị iwepụ, mana anyị nwere Jizọs na Ọ ga-ewepụrụ anyị ya. Amin! O kwuru na ọ dị ezigbo mkpa ka anyị mee baptizim n'ime mmiri, n'ime Jizọs Kraịst. Ọ bụghị n'ime ụka, ọ bụghị chọọchị Metọdist, ọ bụghị na chọọchị Baptist, ọ bụghị na Chọọchị Katọlik, kama n'ime Jizọs Kraịst. Baptizim nke John bu baptizim nke ncheghari, ma baptizim nke Jizọs bu ime ka ayi ba nime ya. Wee nọọ n'ime anyị - na-eme ka anyị ghọọ mmụọ dị ndụ. Ọ bụghị nke agbụrụ Adam, kama ọ bụ ihe e kere eke ọhụrụ - ihe e kere ọhụrụ nke Jizọs Kraịst guzobere ebe ahụ ka anyị naarịda n'obe na ka anyị na-agbada na mmiri. E lie agadi nwoke ahụ ebe ahụ, ọ gaghị ebili ọzọ, ma ọ bụrụhaala na anyị ekwe ka Jizọs Kraịst bụrụ Onyenwe anyị na Eze na alaeze Ya na ndụ anyị.

Ọ bụrụ n'anyị ahapụ Ya, mgbe ahụ anyị ga-agabiga ihe isi ike. Ị ga-agabiga ihe jọgburu onwe ya ekwensu nwere maka gị. Mana ọ bụrụ na ị jidesie Onyenwe anyị ike ma ị na-eme ihe Ọ na-ekwu, ọrụ a dị ike nke O nyere anyị zuru oke n'ime Jizọs Kraịst. "N'ihi na ọ bu nime Ya onwe-ya ka ayi nādi ndu, nējeghari kwa, nādi kwa." Ọ bụ ya na-enye anyị udo zuru oke, wee me ka ọ nọgidere anyị. Ọ bụ ya nyere anyị ya. O mere ka o kwe anyị omume. O mere ka o kwe anyị omume ka e mee anyị baptizim n'ime mmiri, ka anyị nwee ike inwere onwe anyị pụọ na nwoke ochie nke mmehie na anyị nwere ike ibi n'udo ya ibibi ihe niile nke ndụ a.

Chukwu nyere anyi azịza ya - Amuru ohuru.
Ọ gwara Nicodemus, sị, "A ga-amụrịrị gị ọzọ - nke a mụrụ site na Mmụọ Nsọ, bụrụ onye amụrụ site na mmiri." Mana lee Ọ na-agwa anyị otu Ọ ga-esi rụọ ọrụ ahụ. Imezu ihe onye iro na-anwa ime ka anyị chee ga-anọ n'ime anyị. Chukwu wepuru ya ... oburu na ayi ekwe Ya. Ọ bụrụ na anyị ekweghị Ya, anyị ga-aga n'ihu na-anụ ụtọ ya.

Echere m na ọ na-atọ ụfọdụ ndị ụtọ. Echere m **na ọ dị anyị mkpa ikpebisi ike ikwe ka Chineke wepu ihe efu ndị ahụ, ndị bụbu ndị isi ahụ, na ndụ anyị.** Onye iro na-abịa, ọ ga-anwa ịsị, "Ugbu a, lee gị," ọ bụrụ na ị mejọrọ, ọ bụrụ na iwe were gị. Cheta na Chineke kere anyi ka Ya. O nyere anyị ọdịdị dịka ọdịdị Ya. Adam tufuru ọdịdị ahụ, kọ na ọ bụghị ya? Ma Jizọs wetere anyi ya ozo... ma oburu na anyi choro ya. Ọ ga-abụ site na nhọrọ nke aka anyị, ma anyị enwere onwe anyị ma ọ bụ na anyị kwere ka ndị nwenụ ndị a dọka anyị, kwa ụbọchị . ma ọ bụ na anyị ga-ekwe ka Chineke were ndị mbụ nwenụ na-ebibi ha kpamkpam me kwa ka ncheta-ha la n'iyì, ọ dighi ncheta fọduru ha.

Okwu a dị ike, ọ dịkwa adị, na Chineke bụ onye na-emezu ndị Ya. Jizọs mezuru ya na Calvary. O mezuru ya ka o siri na ili ahụ rigota. Taa ikpe Ya ka dị n'ụwa, ndi bi n'elu uwa ga-amuta ezi omume.

Ha ga-esi n'aka anyị mụta ya. Ọ bụrụ n'anyị ekwe ka Ya rụchaa ọrụ ahụ n'ime anyị, mgbe ahụ anyị ga-enwe udo Ya zuru oke. Ihe ndị a niile ga-apụ na ndụ anyị, anyi ezuru ike n'ime Ya. Ọ bụ Chineke nke Okwu ya. **Anyị ka Ọ diri ihe anyị ge ji ya mee.**

Ọ bụrụ na anyị chọrọ iburu ihe ndị a na agagharị ma mee mkpesa, ọ bụ anyị ka ọ dị n'aka. Ihe di ike bu na O n'eme ka ncheta ya nile laa n'iyi. **Okwesịghị ka anyi na "ihe efu" ahụ biri.** Anyị ekwesịghị ịnagide ya, ọ bụrụ na anyị dị njikere ikwe ka Chineke were ya ma bibie ya. Amin. Kedu ka anyị siri chọ udo ya? **Ọ họpụtara ka anyị nwee udo nke ya. Ọ bụ nke anyị, ọ bụrụ na anyị chọrọ ya.**

VI. "Ọ buru na ayi jee ije n'ihè ahu dika Ọ nọ n'ihè ahu..."

Enwere akụkụ Akwụkwọ Nsọ na 1 Jon, 1:7. "ma ọ buru na ayi ejegharia n'ihè ahu, dika Ya onwe-ya nọ n'ihè ahu, ayi nēnwekọrita ihe n'etiti onwe-ayi, ọbara Jisus, bú Ọkpara-Ya, nāsachapu kwa ayi nmehie nile." Ọ na-asachapụ anyị. Chineke n'onwe ya na-asachapụ anyị.

Ọ bụrụ na anyị emehie ihe, ọ bụrụ na anyị emehie, anyị na-abịakwute Ya, anyị na-arịọkwa Ya ka Ọ gbaghara anyị ozugbo, Chineke na-asachapụ anyị mmehie niile.

Ekwenyere m na ọ bụrụ na ejiri eziokwu a jee ozi na ụka dịka Chukwu zubere ka e jee ya, ọdịghị onye ga-adagharị azụ. Maka na mgbe ekwensu biara, oburu na ayi emehie otu ugboro ma obu ma ayi emee obere nmehie, oga ata ayi ahuhu rue mgbe ayi geme nde. Mgbe ahu ekwensu jidere ayi.

Okwu ahụ kwuru sị, "Ọ na-asachapụ anyị." Jizọs nọdụrụ ala n'aka nri nke Nna mgbe niile na-arịọchitere anyị arịrịọ dịka Nwa nke Mmadụ. Ọ ka na-arịọ arịrịọ ka anyị nwere onwe anyị pụọ na mmehie, ịnwere onwe anyị site n'ike ekwensu. N'ebe a n'aịsaịa ọ na-agwa ọrụ zuru ezu. N'ebe a na John Ọ na-ekwu, "Ọ bụrụ na anyị na-eje ije n'ihè ahụ, dị ka Ọ nọ n'ihè ahụ, anyị nwere mkpakọrịta..."

. . .

Kedu ihe na-eme? Mmadu puo ebe a, ha eme nmehie, ha abata n'etiti umu-nna. Kedu ihe na-eme? Oh, otu oge ha abụghị ụmụnne ha. Nke ahụ dị mma. Na-eche nnọọ iju n'etiti ha. N'ihi gịnị? Maka na i pugo n'ihè na ihie n'ime ụmụnne nyere gi nsogbu. **Ihe nine ikwesiri ime bụ ịlaghachi n'ihè ma rịọ Jizọs ka ọ gbaghara gị.** Ozugbo ahụ Ọ ga-agbaghara anyị, mgbe ahụ anyị na-eje ije n'ihè ahụ ọzọ. Ma ugbu a, anyị nwere ike isonyere ụmụnna ọzọ ma soro ha nwee mmekọrịta. Jizọs kwuru na Ọ họpụtara udo maka anyị. Udo ahụ Ọ ka onyeworo anyị.

Mgbe Jizọs laghachisịrị azụ mgbe o bilite n'ọnwụ, ihe mbụ Ọ gwara ndị na-eso ụzọ ya bụ "Udo dịrị gị." Ya mere, Onye-nwe-anyị na-asị, "Enyere m gị udo m." Gini mere i ji kwe ka onye iro nara gi udo ahu?" Ọ bụrụ na ịmela ihe ọjọọ, ihe niile ị ga-eme bụ ịrịọ Ya ka ọ gbaghara gị ka udo ahụ laghachiri gị. Ọ bụ udo Ya nke O nyere anyị. Ọ bụrụ na anyị ji ọnụ anyị na omume anyị tufuo udo ahụ, mgbe ahụ anyị kwesiri ịlaghachi ebe anyị tụfuru wee tụtụe ya ọzọ. Chineke nwere ya maka anyị, ọ bụrụ na anyị hapụ Ya ka o nye anyị. **Ma ị nweghị ike idobe ngwakọta.**

M na-emegide ụfọdụ ihe Ndị Kraịst kwere ka ha dịrị n'ụwa taa, n'ihi na ọ bụ imebi nguzo. Ma mgbe imebiri nguzo, ị nwere ike ịgwa Jizọs "ka e mesịa," n'ihi na mgbe ị gafere ebe ahụ, ịgaghị ezute Ya. Mba, ị bụghị! ' ị gaghị anọ na imebi nguzo gị gbadata ebe a, ya na ndị ajọ omume jụrụ - ndị jụrụ ikwe ka Jizọs nye ha udo zuru oke.

Otu n'ime oke ihe ịrịba ama nke Chineke ịnọ ebe a bụ udo Ya. Jizọs kụziri ya ndị na-eso ụzọ ya ozugbo. Mgbe Ọ bịara ịhụ ha mgbe obilitere n'onwụ, O nyere ha udo Ya. Ọ họpụtara udo maka onye ọ bụla n'ime anyị, ọ bụkwa nke anyị ma ọ bụrụ na anyị ahọrọ ya. Ọ bụrụ na anyị ahọrọghị ya, ọfụma, agụla m ihe ga-eme gị. Ị na-aga ebe ndị ajọ omume. Otu ihe m ma, **Chukwu achọghị ka Onye Kraịst na-ata ahụhụ.** Ọ bụrụ na ị na-ata ahụhụ, ịkwesịrị tufuo ya. Nye ya Onye-nwe-anyị, ka udo Ya jigide gị. Ọ bụrụ na ị kwenyeghi n'okwu ya, ajụla ya ka O meere gị ihe ọbụla. Ọ gwara ndị kwere ekwe, ihe niile kwere omume. O mere ka o kwe omume. Ọ ga-emere anyị ya, mana anyị ga-adị njikere ịhapụ ya ka ọ rụọ ya. **Ọ bụ nke anyị taa ma ọ bụrụ na anyị chọrọ ya.**

VII. Ahụmahụ Abụọ Na-agbanwe Ndụ

Enwere m ahụmahụ abụọ ná ndụ m. Ahụmahụ abụọ dị ezigbo mkpa na ndụ m nke gbanwere ndụ m kpamkpam ma nyekwa m udo Ya. Ọ na-ebibi m, ọ bụghị ndị ezinụlọ m **mana ọbụ Ihe ndị m na-eche.** Ị hụrụ, anyị ekwesịghị inwe mmetụta maka ihe ndị mmadụ kwuru ma ọ bụ mee. **Ọ bụrụ na ọ na-emetụta anyị, ọ ga-emerụ anyị ahụ.**

Mama m nwụrụ mgbe m dị afọ iri na otu, rapụ ụmụnne nwoke na ụmụnne nwanyị nke ntà ise. Nna m esibeghi nri, ọ maghị ihe ọ bụla gbasara ụmụaka, n'ihi na ọdịghị arụ ọrụ n'ụlọ ọtụtụ oge. E nwere ụmụnne nwoke na ụmụnne nwanyi ise ndị m tọrọ. Ikekwe ị maghị ihe ụmụnne nwoke na ụmụnne ndị nwanyị na-eto eto na-eme, karịsịa ma ọ bụrụ na ha enweghị nne ma ọ nweghị onye na-elekọta ha. ọ di mma, ha ga-enye m nsogbu oge ahu. Ha sịrị, "onye ka I chere na ị bụ? Ị enweghị ike gaghị agwa anyị ihe anyị ga-eme." Kedu ihe ị chere mepụtara n'ime m? Otutu nkụda mmụọ na "ihe efu".

Mgbe ahụ, mgbe m afọ iri na isii, Enyeferem ndụ m n'aka Onyenwe anyị. Ọ bụ mgbe ahụ ka agha ahụ bidoro n'ezie! Ụmụnna ndị nwoke na ndị nwanyị ndi tọrọ m kwuru, sị, "Ọ bụ onye ji okpukpe kpọrọ ihe!" Ha kpọọrọ ụmụaka ahụ, kpọrọ ha gaa n'akụkụ ọzọ nke obodo anyi, e kweghị ka m gaa leta ha, n'ihi na abụ m "onye ji okpukpe kpọrọ ihe. Ya mere, ha kọrọ ụdị akụkọ niile banyere m, ma, n'ezie, ọ na-abịaghachi na ntị gị mgbe niile. N'oge a, m na-ekwe ka mmetụta nke ihe ndị a laa m n'iyi. Enwere m oku; Amaara m ihe Chineke chọrọ ka m mee, mana legodi ezinụlọ m.

Ị hụrụ, ọ dị njọ ma ọ bụrụ na anyị jigide ezinụlọ, mgbe Chineke na-anwa ikewapụ anyị na ezinụlọ ahụ, ka o nwere ike ịme ihe na ndụ anyị. Enweghị m nsogbu ọ bụla na ebe Chineke nọ; Ahụrụ m Chineke n'anya. Ma enweghị m ike ijere Chineke ozi n'ihi na enwere m "ihe" a niile n'ime m. Ya mere, m na-agbada, n'ụzọ ọzọ, n'ihi na m kwere ka ihe ndị mmadụ kwuru ma ọ bụ mee, ma ọ bụ ihe ekwensu mere ka o bibie m. Nke a abụghị egwuregwu; ọ dị ezigbo egwu.

Otu ụbọchị Onyenwe anyị jidere m wee gwa m ka m nyefee ezinụlọ m. O kwuru, sị, "Enwere m ezinụlọ maka gị nke bụ ezinụlọ m ha ga-abụ ezinụlọ gị." N'ụbọchị ahụ, abịara m ná njedebe nke ndụ m, amakwaara m ya. Amaara m na enweghị m ike ị ga-aga ọzọ ma Onyenwe anyị wee maa jijiji n'ụzọ nkịtị. O kwara m jijiji. O kwuru, sị, "Arịọwo m gị ịhapụ ezinụlọ ahụ, ma ị rubereghị m isi. Ana m enye gị iwu ka i mee ya." Ma mgbe O nyere m iwu ka m mee ya, a sị m, Ee, Onyenwe anyị. M nyere ya. Enyere m ya ozigbo ma Onye-nwe wepụtara ncheta nile na-egbu mgbu, ihe niile nke m chere nọ dị oke egwu, Enweghị m ike ịgwa gị ihe ihe ndị ahụ jọgburu onwe ha bụ, n'ihi na O were ha, ma bibie ha. Ma ekwerem hapụ ya ka ọ mee ya.

Ọ bụrụ na ihe ọ bụla dị na ndụ anyị nke na-egbochi anyị ịhapụ Jizọs ka ọ na-achịkwa ndụ anyị, anyị kwesịrị iwepụ ya. Ọ bụrụ na ọ bụ mmadụ maọbụ ọ bụrụ na ọ bụ ihe, anyị kwesiri ịhapụ ha. Maka na m hapụrụ ezi-na-ụlọ ochie, taata ma n'ime afọ nile Chineke nyegoro m ezi-na-ụlọ - ezi-na-ụlọ nke Chineke nwere ụmụ-ntakịrị nile m nwere ike ihụ n'anya. Ezinụlọ m - ha abụghị ezinụlọ m ọzọ - ha bụ naanị "ndị ikwu" na-anaghị emetụta ndụ m ebe ọ bụ na Jizọs ewerewo ya. Mana O kwesiri iwepu ya. Ọ bụrụ na anyị arapara n'ihe Chineke na-ekwu ka ahapụ ya dịka ọ gaewe anyị ma laa anyị n'iyi. Mana ọ bụrụ na anyị ahapụ ya, O nwere ihe n ka mma, **ọ bụrụ na anyị ahapụ ya ka ọ mee ya.**

Chineke nwere udo zuru oke nye onye ọ bụla n'ime anyị, ọ bụrụ na anyị ga-ahapụ Ya ka ọ hichaa ụlọ ahụ ma wepụ ihe niile anyị ka chọrọ ijide. Ọ bụ ihe dị oke egwu Chineke ga-eme n'ụbọchị ole na ole. Ị hụrụ,Chineke ga-eme ya maka anyị niile. Ihe mere ọtụtụ n'ime anyị ji na-awagharị na nsogbu anyị bụ na anyị enweghị ya Ya.

Oge ọzọ m na-eje ozi na Northern California. A jela m ozi ugboro anọ n'ụbọchị ahụ wee bata n'ime ụlọ m wee laba ụra. Onye-nwe-ayi batara n'ime ime-ụlọ m wee malite ịwa ahụ n'isi m. Ahụrụ m ka o meghere ya m wee sị Ya, "Onye-nwe-anyị, kedụ ihe ị na-eme?"

Ama m na ọ bụ Onyenwe anyị. Ọ dị ka a ga-asị na m ji anya nke uche m hụ ihe Ọ na-eme dịka Ọ na-eme ya. Asịrị m, "Onyenwe anyị, gịnị ka Ị na-eme? Ọ siri, "Ana m ewepụta ihe ekwesighi ka ọnọ ebe ahụ. Mgbe ahụ enwere m mmetụta nke ikpo ọkụ, mmetụta na-ekpo ọkụ n'isi m nile. M wee sị, "Gịnị ka ị na-eme?" O kwuru, "Ana m etinye Mmụọ M, Ìhè m n'ebe ahụ, ma ana m ewepụ ọchịchịrị niile." O mechiri ebe ahụ ebe a wee sị, "Ana m emechi ọnụ ụzọ ahụ, ka ihe ọ bụla n'ime ihe ndị a ghara ịloghachi." Ọ bụ ahụmịhe dị ebube, ọ gbanwebeghịkwa na ndụ m kemgbe ụbọchị ahụ.

Ahụmahụ abụọ ahụ gbanwere ndụ m n'ihi na Onyenwe anyị weputara ihe ndị iro ahụ gaara eji bibie ndụ m. Onyenwe anyị gwara m na uche maara ihe na uche amaghị ihe dị ka edekọ teepu. Uche a na-amaghi ama na-edekọ ihe niile anyị hụrụ ma nụ site na mgbe anyị bụ mmadụ. Edere ha niile. "Ihe efu" niile ị na-ele na telivishọn, ihe niile ị na-anụ na igwe ozi, ihe nkiri niile ị na-aga, ihe niile a ka edere, ebe a. Enweghị otụtụ ohere fọdụrụ maka iji ụbụrụ gị, n'ihi na ha niile rụrụ arụ. Ma Onye-nwe kwuru, Ọ bụ naanị onye nwere ike ihichapụ ya, Ọ ga-ehichapụkwa na ime anyị... ọ buru na ayi arapu Ya. Nke ahụ bụkwa ihe O meere m. Ọ bụghị naanị na ọ kewapụrụ m n'ebe ndị mmadụ nọ, Ọ naara usoro iche echiche ka m ghara ikwe ka ihe ndị a metụta ndụ m. Chineke gbanwere ndụ m ka m nwee ike ịnabata ndị mmadụ, ka m enwere ike isoro ndị mmadụ biri wee nwee ike ịnụ Ya ma irubere ya isi.

Chineke chọrọ ime ya nye onye ọ bụla n'ime anyị ma ọ bụrụ na anyị chọrọ ka ọ gbanwee ndụ anyị ka anyị wee bụrụ ngwa ọrụ nke ịhụnanya Ya na udo Ya, ọ ọṅụ Ya na ezi omume Ya.

Ọ dị anyị n'aka. Àgwà anyị na-enye m nsogbu. **Anyị na-ebi n'okpuru ihe Chineke nyere anyị mgbe anyị kwere ka ihe ndị a metụta anyị.** Onye nweayi nwere azịza ya taa n'okwu Ya: **ọ bụrụ na anyị chọrọ udo zuru oke, Ọ ga-enye anyị ya.** Ọ ga-ewepụ nchegbu, wepụ ụjọ.

VIII. Mmechi Na Ekpere

Echeghị m na e nwere mmadụ nọ n'ụwa nke na-echegbu onwe ya dịka m mere. Nke ahụ dị mma. Site na nwatakịrị m na-echegbu onwe, ihe niile m nwere bụ nchegbu.

Enweghị m ihe ọ bụla ọzọ. Mana, ee, lee ka o si dị ebube.

Chineke hụrụ anyị n'anya nke ukwuu Ọ ga-akpọrọ otu nwatakịrị nwanyị ochie n'ebe ahụ na Ohio, ụkwụ nkiti na abaghị uru ọ bụla, jupụtara na nchekasị ma enweghị ike iche echiche kwụ ọtọ ma gbanwee ndụ ya ka Jizọs wee nye ya udo. Ọ ga-enyekwa gi udo ahụ. **Udo ya nke na-anaghị agabiga**, ma ọ bụrụ na anyị esoro Ya na-eje ije. Ọ bụrụ na anyị ga-ahapụ Ya ka O nye anyị udo Ya, ọ na-abawanye na ndụ anyị, ọ na-esikwu ike.

Mgbe m na-azụ ụmụ m, enwere m ọnọdụ n'ahụ m nke dị ezigbo njọ. Ụmụ m, nwa m nwanyị dị afọ iri na abụọ na nwa m nwoke dị afọ iri na ise, sooro m biri, n'anụ ahụ m nanchegbu onwe m.

Otu ụbọchị, agara m nzukọ, amakwaara m onye nwoke a bụ, enwere m mmetụta ịga. Ka m na abanye n'ime nzukọ ya, ọ gwara m, "Nwanne nwanyị, Onye-nwe-anyị na-agwọ gị ugbua gbasara ọrịa ụjọ ị nwela na ndụ gị niile." Ọ gara otu a, ọ pụọ! Site n'ụbọchị ahụ rue taa enwebeghị m ya ọzọ. Enwere m udo nke Chukwu. kelere m Chukwu maka ịhụnanya Ya, maka udo Ya, maka Nlekọta Ya maka anyị ịtọhapụ anyị ma mee ka anyị nwere onwe anyị site na udo Ya. Amin. Ọ bụ nke anyị taa ma ọ bụrụ na anyị chọ ya.

Ọ bụrụ n'ịchọrọ ibiri na eme nsogbu gị, ọ bụrụ n'ịchọrọ ka gi na ihe ndị a biri, birizie na ha, mana Chukwu nwere nnapụta maka gị. Ọ na-agwọ ọrịa. O nwere udo. A udo dị ike **taa** ma ọ bụrụ na anyị chọrọ ya.

Ọ dị anyị n'aka. "Onye-nwe-anyị, I dowo udo nye anyị." Mee ka ncheta ha niile laa n'iyi. Chineke dị ike ka anyị n'efe. Ọ tinyela ya n'aka anyị, gịnị ka anyị ga-eji ya mee? Ànyị Ọ ga-ege ntị ma nụ ihe Ọ na-ekwu ma hapụ ya ka ọ gbanwee ndụ anyị, ka ànyị ga-aga n'ihu n'ụzọ anyị na-aga? Aga m agwa gị otu ihe: Ama m na ị ga-akawanye njọ ma ọ gaghị aka mma belụsọ ma ị kwere ka O weta udo Ya ma biri n'ime gị. N'ihi na Chineke doziri udo nye ayi. Udo ya - ka anyị nwee ike ibi n'udo Ya, je-ije n'udo Ya, ma buru mba ahu nke ezi omume nke na-edebe eziokwu. Daalụ Chineke maka Okwu Gi. Anyị ekwesịghị ịkọwa ya. Ọ bụ ihe O kwuru na ọ bụ. Ọ na-amasị m inye Okwu ahụ ma kwe ka Mmụọ nke Onyenwe anyị kwuo okwu banyere ya. Nna, anyi n'eto Gi, Jizọs, ugbua anyi na-ario ka aka gi metu metụta onye ọ bụla nụrụ okwu a. Jizọs, ihe obula I nyere anyi, I n'enye anyi ya. Onyenweanyị, ị maara mkpa mmadụ niile, onye ọ bụla na mmadụ niile. Ị Maara mkpa ha ugbu a Onyenwe anyị, ị zubere ka ha nwee udo. Dika ha guzoro n'iru Gi, ka ị leba anya na obi obula, uche obula, omume obula, ihe niile nke na adịghị ka Gi. Jizọs, a na m arịọ Gị ka I gaa n'etiti ndị a ma mee ka ha nwere onwe ha. Ndi nchoro inwere onwe ha, Onyenweanyi, a na m ekele Gi. Okwu a I ziteere anyị. I nyewo anyị ya n'ịdị ọcha na enweghị mmerụ na emebi emebi. Ị nyela anyị Okwu ahụ kwụ ọtọ maka anyị, oge a. Ugbua, Onye-nweanyi, a na m arịọ Gị ka I nyochaa obi niile, echiche ọ bụla, mmadụ niile. M na-arịọ gị ugbu a ka ị rụọ ọrụ ahụ na onye ọ bụla dị njikere ịhapụ Gị ka ị rụọ ya **ka ha wee nwere onwe ha.** Chineke, anyị na-arịọ gị ugbu a ka ị gaa n'etiti ndị a. N'aha Jizọs, Amin.

Ka anyị Nyochaa

KA ANYỊ NYOCHAA: IKWE UDO ZURU OKE CHINEKE

Dejupụta oghere ndị ahụ

1. "Meghenu ọnu-uzọ-ama nile, ka mba nke nēme _____ nke nēdebe _____ nile we ba nime."
2. "I nēchebe onye emeworo ka _____ dabere na Gi, ọ we _____ _____: n'ihi na ọ bu Gi ka o _____ obi."
3. "Tukwasinu obi na Jehova rue mḅe nile ebighi-ebi: n'ihi na Ja Jehova bu _____ nke mḅe nile ebighi-ebi."
4. "N'ihi na mḅe _____ nile nādakwasi uwa, _____ ka ndi bi n'elu-uwa dum madu bi mutaworo."
5. "Jehova, I gēdoro ayi _____."
6. "Unu ekwe-kwa-la ka eme ka unu yie ajọ oge a: kama ka _____ unu site n'ime ka uche-unu buru _____."
7. "Ma ọ buru na ayi ejegharia n'ihè ahu, dika Ya onwe-ya nọ _____ ahu, ayi _____ ihe n'etiti

onwe-ayi, ọbara Jisus, bú Ọkpara-Ya, _____ ayi nmehie nile."

Eziokwu ka Obu ugha

1. ___ Okwu Chineke bụ azịza maka ihe isi ike niile na ndụ anyị.
2. ___ Ihe mere anyi jiri buru ndi Kraist bu maka na anyi nedebe eziokwu.
3. ___ Imebi nguzo na-ebibi Ndị Kraịst taa.
4. ___ Ihe mere na anyi enweghi udo zuru oke bu na uche anyi adighi na Ya.
5. ___ Ikpe Chineke na-emegide mmadụ.
6. ___ batara n'ime ndụ anyị n'ihi na anyị ahọrọghị eziokwu.
7. ___ "Agadi nwoke nke nmehie" bụ ọbụbụ ọnụ nke dakwasịrị anyị site na ọdịda mmadụ.
8. ___ "Ọ bụrụ na anyị jidesie Onyenwe anyị ike, ma na-eme ihe Ọ na-ekwu, ọrụ dị ike nke O nyere anyị zuru oke na Jizọs Kraịst."
9. ___ "Ọ bụrụ na anyị ejehie, ọ bụrụ na anyị emehie, anyị na-abịakwute ya, anyị rịọkwara Ya ka Ọ gbaghara anyị ozugbo, Ọ na-asachapụ anyị mmehie niile."
10. ___ "Ọ bụrụ na anyị, site n'ọnụ anyị na omume anyị, tufuo udo ahụ, mgbe ahụ anyị kwesịrị ịlaghachi ebe anyị tụfuru ya wee tụtụe ya ọzọ."
11. ___ Ọ bụrụ na ihe ọ bụla dị na ndụ anyị nke na-egbochi anyị ịhapụ Jizọs ka ọ na-achịkwa ndụ anyị, anyị kwesịrị iwepụ ya.
12. ___ Uche nke maara ihe na uche nke na amaghị ihe di ka ndekọ teepu.
13. ___ Onye nwe anyi bu nani onye puru ihichapu ihe niile anyi jiro mejuputa uche anyi.

14. ___ Ikpe Chineke bu iji bibie oru nile nke ekwensu.

Nkwekọrọ
1. ___ Ebe eziokwu gara
2. ___ Ọnọdụ nke Ụka Ndị Kraịst
3. ___ Onye ga-azọda obodo?
4. ___ Ga kpochapu ndi-isi mbu
5. ___ Chineke achọghị ihe ndị a maka Ndị Kraịst
6. ___ Uche dị ndụ na nke na adịghị ndụ
7. ___ Azịza ya dị ebe a
8. ___ Ị họpụtago Chineke nye anyị
9. ___ "ụbọchị ahụ"
10. ___ Ihe na-akpata nchegbu
11. ___ Nwoke ochie nke mmehie
12. ___ Baptizim na-ewuli anyị

CHAPTER 2
ÀGWÀ MA Ọ BỤ NBỤLI ELU

Matiu isi ise nke na-ekwu okwu ngozi
"Kedu ihe kpatara anyị ji enwe okwu ngozi? Anyị nwere ha n'ihi na Chineke na-akụziri anyị inwe àgwà ziri ezi. Ọ siri ike ụmụ mmadụ inwe àgwà ziri ezi. Naanị otu ụzọ kacha mma anyị ga-esi nwee àgwà ziri ezi bụ inwe Jizọs n'ime anyị. N'ezie, ọ bụghị naanị Jizọs n'ime anyị, kama ọ bụ ịhụnanya Ya ka Ọ ga-etinye n'ime anyị. Enwere m ike ịhụ ọtụtụ anụ ahụ. Enwere m ike ịhụ ihe anyị kpọrọ ịhụnanya mmadụ. Mana ozughị ezu ịgbanwe àgwà anyị. Ọ na-ewe Chukwu igbanwe àgwà anyi. I nwere ike ịsị, "ị naghị ebi n'ebe ndị mụ na ha bi bi. Ị maghị ndị m maara. "Enwere otu ogwụgwọ, ya bụ Jizọs.
Ọ bụghị ọkara ụzọ Jizọs, ma Jizọs n'ụzọ niile. Ịhụnanya Ya n'ihe niile! Ndị a bụ iwu anyị kwesịrị ibi na ya. M na-echebu na akụkụ akwụkwọ nsọ ndị a bụ maka otu anyị ge si ga n'eluigwe. Ee e, ha bụ maka anyị ibi ndụ na ha. Kwụsị ma tụlee àgwà anyị wee hụ ma anyị na-anọchite anya Jizọs ka ọ bụ na anyị na-anọchite anya anụ ahụ anyị. Anụla m ka ndị mmadụ na-asị 'Ha ga-amasị m. nke ahụ bụ otu m dị. Ọ

bụrụ na ha enweghị mmasị n'otu m si dị nka di njọ. Ha kwesịrị iche ya ihu. 'Anyị kwesịrị ịghọta na ọ bụ Jizọs na-agbanwe ndụ anyị. Anyị nwere ike ime ya na agbanyeghị; anyị na-eche na anyị na-eme ya n'ụzọ ziri ezi, mana ọ na-egosi na ndụ anyị kwa ụbọchị na omume anyị. Otú anyị si agwa ibe anyị okwu, otú anyị si na-emeso ibe anyị.

Achọrọ m egosi gị ezigbo Jizọs n'abalị a. Jizọs Kraịst nke Chineke zitere n'ụwa n'ihi na ọ hụrụ ụwa nke O kere n'anya – Ọ chọrọ ka mmadụ niile n'ụwa mata nwa ya nwoke, bụ Jizọs. Nke ahụ ka bụ obi Nna ahụ. Anyị lere ụwa a anya na ọ bụ ọgba aghara niile. Mgbe Chineke ga-eweta ikpe Ya - ọ ka njọ karịa ọgba aghara.

Gịnị ka anyị ga-eme? Enwere otu ihe Chineke chọrọ n'aka anyị – ka anyị dị ka Jizọs." ngalaba nke si na ozi " Ịhụnanya Chineke" site na Rev. Agnes I. Numer

"Otu ụtụtụ m teta n 'elekere isii wee gbadata na ojiri ọkara gafere elekere isii. Ahụrụ m Annella, ya na Agnes nọrọ n'abalị wee gwa ya na m ga-anọnyere Rev. Agnes I Numer maka ọkara ọkara nfọrọ gara aga ruo elekere asaa ụtụtụ ahụ. Agnes na-ehi ụra ma achọpụtara m na ọ wepụrụ Osijin ya. Ka m tinyeachịrị ya ọzọ, ọ tetara ma malite ịjụ ajụjụ... ka ọ dị na mbụ. Ajụrụ m ya ma ọ ga-amasị ya ka m na-agụrụ ya Akwụkwọ Nsọ, ọ sịrị "N'ezie, "n'ezie.

Ka m na-agụ akwụkwọ Matiu, anyị bịara n'isi nke ise. Ọ bụ ihe puru iche ịgụrụ nwanyị ahụ nji ọtụtụ afọ gụọrọ m Matiu isi ise na mbụ. Foto batara m n'uche mgbe Agnes ga-agwa anyị ka anyị nweta akwụkwọ ọkọwa okwu maka okwu ọhụrụ anyị ga-agụ na Ihe utọ. Echetara m na ọ bụ otu n'ime ihe ndị mbụ mmuta ihe o nyeere anyi. Chineke tinyere ọtụtụ ihe n'ime anyị. Jiri ihe omume ndị ụtọ ahụ mee ihe dị ka ihe nyocha ahụ ike ime mmụọ. Achọpụtara m ebe m dara ma m rịọ Chineke ka o weta ihe ndu n'akụkụ ndị ahụ nke ndụ m, ka ọ were buru n'ikpeazu, na abughi m onye gbara oso n'efu."

Teresa Skinner

Ka anyị mee nyocha ahụike ime mmụọ.

Gụọ amaokwu ndị dị n'okpuru ma zaa ajụjụ ndị a na-ajụ.

Matiu 5:

1 Ma mḅe Ọ huru ìgwè madu ahu, Ọ rigoro n'ugwu ahu: mḅe Ọ nọduru ala, ndi nēso uzọ-Ya we biakute Ya:

2 O we saghe ọnu-Ya, zí ha ihe, si,

3 Ngọzi nādiri ndi bu oḅeye nime mọ-ha: n'ihi na ala-eze nke elu-igwe bu nke ndi ahu.

4 Ngọzi nādiri ndi nēru újú: n'ihi na ndi ahu ka agākasì obi.

5 Ngọzi nādiri ndi di nwayọ n'obi: n'ihi na ndi ahu gēketa uwa.

6 Ngọzi nādiri ndi agu ezi omume nāgu, ndi akpiri nākpọ kwa nku na ya: n'ihi na ndi ahu ka afọ gēju.

7 Ngọzi nādiri ndi-ebere: n'ihi na ndi ahu ka agēmere ebere.

8 Ngọzi nādiri ndi di ọcha n'obi: n'ihi na ndi ahu gāhu Chineke.

9 Ngọzi nādiri ndi nēme ka madu na ibe-ha di n'udo: n'ihi na ndi ahu ka agākpọ umu Chineke.

10 Ngọzi nādiri ndi esoḅuworo n'ihi ezi omume: n'ihi na ala-eze elu-igwe bu nke ndi ahu.

11 Ngọzi nādiri unu mḅe ọ bula ha nāta unu uta, nēsoḅu kwa unu, nēkwu kwa ajọ ihe nile di iche iche megide unu n'okwu-ugha, n'ihim.

12 Ṅurianu ọṅu, ka obi tọ kwa unu utọ nke-uku: n'ihi na

ugwọ-ọlu-unu di uku n'elu-igwe: n'ihi na otú a ka ha soḅuru ndi-amuma ndi buru unu uzọ.
13 Unu onwe-unu bu nnú nke uwa: ma ọ buru na nnú etufuwo utọ-ya, àgēji gini me ya ka ọ ghọ ezi nnú? ọ dighi kwa irè iji me ihe ọ bula ọzọ, ma-ọbughi ka etufue ya n'èzí, madu azọ ya ukwu.
14 Unu onwe-unu bu ìhè nke uwa. Apughi izo obodo nke ewuworo n'elu ugwu.
15 Ma ha adighi-amuye oriọna, dọba ya n'okpuru mḅé, kama n'elu ihe-idọba-oriọna; ọ nēnwu-kwa-ra madu nile nọ n'ulo ahu.
16 Otú a menu ka ìhè-unu nēnwu n'iru madu, ka ha we hu ọlu ọma nile unu, we to Nna-unu Nke bi n'elu-igwe.

Kedu ihe akwụkwọ ọkọwa okwu kwuru banyere okwu ndị a na Matiu isi ise?
Ogbenye na mmụọ
na-eru uju
ịdị umeala n'obi
ezi omume
na-eme ebere
ndị na-eme udo
kpagbuo
Mụọ ma dee ihe okwu ndị a pụtara na Greek
alaeze eluigwe
agākasì obi
keta ụwa
jupụta
agēmere ebere
ịdi ọcha n'obi
ga-ahụ Chineke
ụmụ Chukwu

n'ihi ezi omume
Olee otu akụkụ Akwụkwọ Nsọ a si emetụta "Àgwà m"?
Okwu ngọzi na-ekwu na anyị bụ ìhè nke ụwa - kedu ka ị si hụ onwe gị dị ka ìhè n'ụwa a?

Kedu ka ị si 'enye ìhè' nye ndị niile nọ n'ụlọ ahụ?

Gụọ amaokwu ndị dị n'okpuru ma zaa ajụjụ ndị a na-ajụ.

Matiu ise isi:

17 Unu echèla na abiaram imebi iwu Chineke ma-ọbu ndi-amuma-Ya: abiaghm imebi, kama imezu ya.

18 N'ihi na n'ezie asim unu, Rue mḅe elu-igwe na ala gāgabiga, ọ dighi otù ihe ọ bula dikarisiri ntà gāgabiga n'iwu ma-ọli, rue mḅe ihe nile gēme.

19 Ya mere onye ọ bula nke gēmebi otù nime ihe ndia dikarisiri ntà nke enyere n'iwu, nke gēzí kwa madu otú ahu, agākpọ ya onye dikarisiri ntà n'ala-eze elu-igwe: ma onye ọ bula nke gēme ha, zí kwa ha, onye ahu ka agākpọ onye uku n'ala-eze elu-igwe.

20 N'ihi na asim unu, na ọ buru na ezi omume-unu adighi-akari ezi omume ndi-ode-akwukwọ na ndi-Farisi nke-uku, unu agaghi-abà n'ala-eze elu-igwe ma-ọli.

21 Unu nuru na agwara ndi-ochie, si, Eḅula madu; ma onye ọ bula nke ḅuru madu gēnye onwe-ya n'aka ikpé:

22 ma Mu onwem si unu, na onye ọ bula nke nēwe iwe megide nwa-nne-ya gēnye onwe-ya n'aka ikpé; onye ọ bula nke gāsi kwa nwa-nne-ya, Raka, gēnye onwe-ya n'aka nnọkọ-ikpé; onye ọ bula nke gāsi kwa, Onye-nzuzù, gēnye onwe-ya n'aka ọku ala-mọ.

23 Ya mere ọ buru na i nēche onyinye-gi n'iru Chineke n'ebe-ichu-àjà, i we cheta n'ebe ahu na nwa-nne-gi nwere ihe megide gi;

24 rapu onyinye-gi n'ebe ahu n'iru ebe-ichu-àjà, laba,

buru uzọ me ka gi na nwa-nne-gi di n'udo, mḅe ahu bia kwa che onyinye-gi.

25 Me ka gi na onye nēkuru gi ga ikpé me eyì ọsọsọ, mḅe gi na ya nọ n'uzọ; ka onye ahu nēkuru gi ga ikpe we ghara irara gi nye n'aka onye-ikpe ma eleghi anya, onye ikpe arara kwa gi nye n'aka onye nēje ozi, ewe tubà gi n'ulo-nkpọrọ.

26 N'ezie asim i, I gaghi-aputa n'ebe ahu ma-ọli, rue mḅe i gākwughachi farthing ikpe-azu.

27 Unu nuru na ekwuru, si, Akwala iko:

28 ma Mu onwem si unu, na nwoke ọ bula nke nēle nwanyi anya ka agu ya we gua ya, ọ kwasiwo ya iko n'obi-ya uḅu a.

Ị maara:
"Ihe na-erughị otu onye n'ime iri n'ime Ndị kwusara ozi ọma Kraịst kwenyere na ịkwa iko, nwoke idina nwoke na nwanyị, ihe ndị na-akpali agụụ mmekọahụ, okwu rere ure, ị dụbiga mmanya ókè na ite ime bụ ihe a na-anabata nke ọma."

Nnyocha Barna, November 2003

Nye ụka dị na Tayataịra: "Ma enwerem nka imegide gi, na i kwere nwanyi ahu, bú Jezebel, onye nākpọ onwe-ya onye-amuma-nwanyi; o nēzí kwa ndi-orùm ihe, nēduhie kwa ha, ka ha kwa iko, ri kwa ihe achuru n'àjà nye arusi." Nkpughe 2:20

Ọ bụghị ihe dị ukwuu banyere ihe onye ọ bụla na-eme; ọ bụ banyere ihe m na-eme.

Kedu ka akụkụ Akwụkwọ Nsọ ndị a si egosi anyị eziokwu a nke Akwụkwọ Nsọ?

Kedu ka mụ na gị si eme ma na-akụzi iwu ndị a?

Gụọ amaokwu 27-28 Taa bụ ụbọchị iji nyochaa obi anyị.

Àgwà ma ọ bụ nbụli elu

Kedu otu ị siri hụ na ị na-enyere ọgbakọ gị aka ije ije n'ịdị nsọ n'akụkụ ndị a?

Oge ụfọdụ anyị na-ekwu ọtụtụ ihe ... ànyị Ọ na-ekwu ihe anyị ga-eme ma mee ihe anyị na-ekwu? Ihe anyị na-ekwu ò bụ nke nwere nzube ?

Matiu 5:44 ma Mu onwem si unu, Nāhunu ndi-iro-unu n'anya, nēkpe kwa ekpere nye ndi nēsobu unu; Taa ọtụtụ na-akpọ anyị asị ma ọ bụ na-anagide anyị. Olee otu anyi puru isi gosiputa amaokwu a di n'elu na ndu anyi kwa ubochi?

Matiu 5:46 N'ihi na ùnu nwere ugwọ-ọlu gini, ma ọ buru na unu huru ndi ahu n'anya, bú ndi nāhu unu n'anya?

Ọbuná ndi-ọna-utu, hà adighi-eme otù ihe ahu?

Olee otú mfe odi ichefu ...

Mat 5:47 Ọ buru kwa na unu nēkele nání umu-nne-unu, gini ka unu nēme kari ndi ọzọ? ọbuná ndi mba ọzọ, hà adighi-eme otù ihe ahu?

Olee otú mfe odi ichefu ... Karịsịa ma ọ bụrụ na anyị chere na anyị bụ onye ukochukwu, onye ndu ...

Matiu 5:48 Ya mere unu onwe-unu gēzu okè, dika Nna-unu nke elu-igwe zuru okè.

Olee otú mfe odi ichefu ihe mgbaru ọsọ anyị .... ịdị ka Jizọs n'ihe niile anyị na-eme.

NYOCHA: ÀGWÀ MA Ọ BỤ NBỤLI ELU

1. Gịnị mere Jizọs ji nye anyị ihe okwu ngozi?
   a. Ọ chọrọ ka ndụ anyị sie ike
   b. Chineke na-akụziri anyị inwe àgwà ziri ezi
   c. Ọ chọrọ ka anyị nwekwuo ọtụtụ amaokwu anyị ga-ebu n'isi

2. O SIRI IKE ! MỤ MMADỤ INWE ÀGWÀ ZIRI EZI.
   a. T
   b. F

3. KEDU OTU ! ZỌ DORO ANYA ANYỊ GA - ESI NWEE AGWA ziri ezi?
   a. Na-amụ akwụkwọ nsọ mgbe niile
   b. Ngwa ma dọọ onwe anyị aka na ntị
   c. Rịọ Chineke maka ịhụnanya Jizọs n'ime Obi Anyị
   d. Ndị a niile

. . .

4. ! H! NANYA MMADU ZURU OKE IJI NWEE OKWU NGOZI maka mmadu niile
   a. T
   b. F

5. ONYE KA ANYỊ KWESỊ RỊ IGOSI ! H! NANYA NKE CHINEKE?
   a. Ndị ezinụlọ anyị
   b. Ndị enyi anyị
   c. Ndị iro anyị
   d. Ndi mmadu n'ulo uka anyi amaghi
   e. Ihe ndi a niile dị n'elu

6. KEDU KA AKỊ KỤ AKW! KWỌ NSỌ A SI EMET! TA "ÀGWÀ M"?
   a. Ọ na-egosi m otú ndị ọzọ kwesịrị isi na-emeso m
   b. Ọ dịghị mkpa
   c. Abụ m onye isi achọghị m akụkụ Akwụkwọ Nsọ a
   d. Ọ na-egosi m ebe m kwesịrị ịgbanwe

7. KEDU KA Ị SI 'ENYE ÌHÈ' NYE NDỊ NIILE NỌ N'! LỌ ahụ? (Họrọ ma ọ dịkarịa ala anọ)
   a. Ana m arịọ Chineke ka esi ahụ ndị ọzọ n'anya
   b. Ana m agwa ndị ọzọ Akwụkwọ Nsọ ọbụlagodi mgbe ha achọghị ịnụ ha
   c. M na-agwa ndị ọzọ ihe gbasara ha
   d. M na-agwa ndị ọzọ banyere Jizọs
   e. M na-alụ ọgụ maka ikike agbụrụ m na ihe ùgwù m
   f. Ana m akpọ ndị ọzọ oku ka ha bia ụlọ uka

g. M na-eme ka ndị ọzọ kwenye na echiche m banyere ndọrọ ndọrọ ọchịchị

h. M na-enye ndị na-enweghị nri ihe oriri

8. "MA ENWEREM NKA IMEGIDE GI, NA I KWERE NWANYI AHU, bú Jezebel, onye nākpọ onwe-ya onye-amuma-nwanyi; o _____ ndi-orùm ihe, _____ _____ _____, ka ha kwa _____, ri kwa ihe achuru n'àjà nye arusi." Nkpughe 2:20

9. IHE OKWU NGOZI NKE NDI MMADU NA-AKUZIRI ANYI igosiputa ihunanya nke Chineke nye ndi na-anagide anyi n'ime ndu anyi kwa ubochi.
   a. T
   b. F

CHAPTER 3
JEHOVA, I GĒDORO AYI UDO

Aisaia 26:12 "Jehova, I gēdoro ayi udo: n'ihi na ọ bu kwa ọlu nile nke ayi ka I luworo ayi. 13 Jehova, Chineke-ayi, ndi nwenu ọzọ enwewo ayi, ọ bughi nání Gi; ma ọ bu nání site na Gi ka ayi gēhota aha-Gi. 14 Ndi nwuru anwu adighi-adi ndu; ndi nādighi ndu adighi-ebili: n'ihi nka ka I letaworo ha we kpochapu ha, me ka ncheta nile nke diri ha la n'iyì."

"Jehova, I gēdoro ayi udo…"

Gịnị mere o ji kwuo ya otú ahụ? O kwuru ya n'ihi na Ọ chọrọ ya, Ọ chọrọ ya maka anyị - mana ọ dị anyị n'aka ịnata ya. Ọ sịrị, "Achọrọ m ka udo dịrị unu." O buru na O doworo anyi udo, mgbe ahu anyi kwesiri inwete udo ahu. Ọ rụọla ọrụ - nke bụ iti mkpu ma ọ bụ ịkpụzi ọrụ anyị niile n'ime anyị … ihe niile anyị bụ O nwere ike ime anyị.

Ọ bụghị uche anyị na-enye anyị ike ka anyị nwee udo - anyị nwere ike ịnweta ya ma ọ bụrụ na anyị nabata ya. Ọ bụrụ na anyị na-echegbu kama ịnabata udo Ya, mgbe ahụ anyị agaghị enwe udo. Ndị isi ndị ọzọ napụrụ anyị udo ahụ. Jizọs sịrị, "M na-enye unu udo m" ma ọ bụrụ na anyị anataghị ya - olee otu anyị ga-esi enweta ya? O buru na inwere ndi isi ozo na ndu gi, igaghi enwe udo na ndu gi. Tupu anyị enwee udo nke Chukwu, anyị ga-ehicha ụlọ site na ikweta na ndị isi ndị ọzọ nọ ma wee jụ ha. "Jehova, Chineke-ayi, ndi nwenu ọzọ enwewo ayi, ọ bughi nání Gi; ma ọ bu nání site na Gi ka ayi gēhota aha-Gi." Anyi agaghi akpọ ndị nwenụ ndị ọzọ ahụ ọzọ, anyị ga-agbahapụ ha, anyị ga-ekwupụta na anyị ahapụla ha. Ma mgbe ahụ ... anyị agaghi akpọ ha ọzọ.

Chineke kwuru, "Ndi nwuru anwu adighi-adi ndu; ndi nādighi ndu adighi-ebili: n'ihi nka ka I letaworo ha we kpochapu ha, me ka ncheta nile nke diri ha la n'iyì." Chineke were ndị nwenụ nke mbụ ma bibie ha! Oburu na anyi ga ekwe ka Jizọs were ndị nwenụ ahụ ma bibie ha, Chineke gha eme ka ncheta ha ghara idi ire – Anyi agaghi echeta ihe jọgburu onwe ya ahụ ọzọ. Anyi ga-enwe udo Ya. Ọ ga-agbanwe ndụ anyị ma nye anyị udo Ya. Jizọs gwara oké ifufe ahụ, sị: "Udo dịrị." Mụọ Nsọ nyere Udo Ya site n'aka ndị na-eso ụzọ mgbe ha jere ozi nye ndị mmadụ. Ọ bụrụ na ndị mmadụ anata okwu ha, udo ga-adịgide. Ọ bụrụ na ndị mmadụ ajụ okwu ha, mgbe ahụ Jizọs kwuru, sị, "tichapu ájá ukwu-unu." (Matiu 10:13.14)

Jizọs na-enye anyị udo a taa.

Ndị mmadụ aghaghi ịnata eziokwu ka ndụ ha gbanwee, ọ bụrụ na ha ajụ eziokwu ahụ, ha agaghị enwe udo ọzọ. Ọ bụrụ na itufue udo gị, jụọ onwe gị ebe ịnọ mgbe itufuru ya? Kedu ihe ị na-eme? Gịnị ka Chineke gwara gị mee? Gịnị ka Chineke gwara gị mee? Laghachi azụ ebe ahụ wee chọta udo gị ọzọ. Chineke na-ekwu, m na-enye gị udo m, ọ bụghị ka ụwa si enye. Ka obi ghara ịlọ gị mmiri, tụkwasị m obi, nihina m bụ ìhè nke ụwa.

Ọ bụrụ na ị nọ n'otu ebe ma ị nweghị udo nke Chukwu
— kwụsị ma jụọ Chukwu ihe mere? Na-erubere Chineke isi,
ị choghị ịnọ ebe Chineke na-anọghị. Anyị kwesịrị inwe udo
zuru oke ka anyị na-aga n'ihu ma na-eme ihe Chineke chọrọ
ka anyị mee. Ọ bụrụ na anyị nwere eziokwu ma aghụghọ -
anyị nwere mgbagwoju anya. Olee otu anyi ga esi mara ihe
anyi kwesiri ime? Kedụ ka anyị ga-esi na-edu ndị ọzọ?
**Ụka ọ ghọtara na anyị nwere ike jupụta na udo Ya
zuru oke?** Uwa chọrọ ụzọ ha, mana Jizọs chọrọ ka anyị bịa
n'ihè. Ọ bụrụ na ndị ọzọ ajụ eziokwu, a ga-eduhie ha, mana
anyị ga-eguzoro n'atụghị egwu ma enwee udo Ya zuru oke.

Mgbe ụfọdụ ekwensu na-agwa anyị okwu, ọ na-anwa
ime ka anyị nwe obi abụọ; egela ya ntị! Gwa ya, sị, "ịbighi
n'ime m ọzọ!" Ịkwesighi ka gị na ekwensu na-arụ ụka,
ịkwesighi ịtụ ụjọ.

Okwu Chineke dị n'ime anyị, ọ bụkwa ya na-egbochi
anyị ịtụ egwu. Enweghị iwu megidere eziokwu, ịhụnanya na
udo: onweghị onye ma ọ bụ iwu ọ bụla nwere ike ịnara gị
ya. Mgbe anyị kwenyere n'okwu Chineke mgbe ahụ
ekwensu enweghị ike imetụta anyị. Ọnwụnwa ga-abia ma ọ
bụ mgbe ahụ ka anyị ga-eguzo na okwu Chineke. Ọ ga-eji
ọnwụnwa ahụ mee ka anyị sie ike. Mgbe a nwara Jizọs, Ọ
sịrị, "E dere ya." O meriri onye iro ma anyi onwe anyi bu
n'ihi na anyi kwenyere n'eziokwu Ya.

Chineke kpebiri udo maka anyị, O werela anyị, anyị kwụ
n'eziokwu, ma ugbu a, Chineke nwere ike iji anyị nyere
onye ọzọ aka.

Jehova, Chineke-ayi, ma ọ bu nání site na Gi ka ayi
gēhota aha-Gi − ndị nwenụ mbụ nwụrụ anwụ - ọ bụrụ na
ha nwụrụ, ha nwụrụ anwụ. Ọ bụrụ na anyị agbalịa igwe ala
gara aga, anyị na-egwu ozu. Ha agaala. Dika anyi n'ekwe ka

Chineke were udo Ya zuru oke n'ime anyị, **ndi-isi mbu adighizi ndu.** Ọ dowere ya, Ọ chọrọ ya ma Ọ chọrọ ya maka anyị. Ihe ọ bụla dị n'uche Ya bụ nke gị - kedụ ihe ị ga-eji ya mee? Ebee ka anyị si enweta eziokwu ahụ? Site n'okwu ya. Kedu ka ị si mara na ị nwere eziokwu ahụ? Jizọs sịrị, "Abụ m ụzọ, eziokwu na ndụ." Ọ bụ ụzọ ịlaghachikwuru Nna azụ. Enweghị ụzọ ọzọ. N'ọhụrụ ọmụmụ, **Onyeisi Udo biara ebi n'ime anyị.** Ọ bụrụ na anyị ekwupụta mmehie anyị, Ọ ga-agbaghara anyị ma nye anyị udo Ya, ndụ Ya, ịhụnanya Ya ma mejuputa anyị na ìhè Ya. Mgbe ahụ anyị na-achọpụta na mmehie anyị agawala ma udo zuru oke dị ebe ahụ. Okwu ya e dere ede ga-esi ike n'ime anyị! Jizọs bụ Okwu Dị Ndụ n'ime anyị.

CHINEKE CHỊ RỌ IJI GỊ NYERE NDỊ ! ZỌ AKA. MGBE O WETARA udo a na ndu gi

+. Ọ chọrọ iji gị dịka ìhè n 'ụwa a maka ndị ọzọ.

Ghọta mkpa ha nwere, mpaghara ndụ ha na-enweghị udo. Ka ha gụọ Aịsaịa 26 ma mara na nke a bụ uche Chineke maka ha. Na Jizọs nwuru ma bilite kwa ozo, ka ha nwe udo na ndu ebighebi. Soro ha kpee ekpere maka oru ebube a n'uche ha, mmetụta uche ha na mo ha. Chineke ga agwo ebe agbajikwa ma leta ebe ndị a na-emekpa ndị mmadụ ahụ ma weta udo. Ọ ga-egosi ha otu ha ge eji kwe Ya ka o mee ka ha buru nwoke ma obu nwanyi nke Chineke. Gosi ha ka ha guo okwu Ya ma mara ya. Gbaa ha ume ka ha pụọ ma ghara ịga ebe ma ọ bụ mee ihe ebe ndị isi gara aga nwere.

Nke a bụ ihe Chineke na-eme, **naanị Chineke nwere ike iweta ụdị udo a,** udo nke gafere nghọta.Anyị enweghị ike ịnapụta mmadụ na ahụhụ naanị ya nwere ike. Ma mgbe O mere oh ebube! Oh ihe ọṅụ! A tọhapụrụ anyị.

Chineke choro ka udo diri gi, ọ Ochoro ya ka ọ diri gi ... ị di njikere inara udo ya ugbu a?

Site na ozi "Aịsaia 26" site na Rev. Agnes I. Numer

NYOCHA: JEHOVA, I GĒDORO AYI UDO

1. Anyị nwere ikike inwe udo site n'aka anyị
   a. T
   b. F

2. Chineke emewo ka anyi nwee udo site na:
   a. Na-echegbu onwe ya
   b. Agbalịsi ike ịnwe ya
   c. Ịnabata udo nke Ọ n'enye anyị

3. Inwe udo anyi aghaghi ikpochapu ndi isi ozo site na:
   a. Na-ajụ ha
   b. Na-enye ha ọkwa nchụpụ ukara
   c. Na-agba so ha mgba ruo ụtụtụ

4. Ka ndu anyi wee gbanwee anyi aghaghi
   a. Gụkwuo ọtụtụ akwụkwọ esi eme ya
   b. Ọtụtụ mgbe a ga-emeri
   c. Nata eziokwu

5. Anyị ekwesịghị ịtụ egwu ekwensu maka na

a. Anyị maara ikpe ya maka ọdịnihu
   b. Okwu Chineke dị n'ime anyị, ọ bụkwa Ya na-egbochi anyị ịtụ egwu
   c. Anyị nwere obe n'olu anyị

6. Ozugbo Chineke mere ka anyị gabiga, anyị nwe nmeriri na anyị nwere ike inyere onye ọzọ aka
   a. T
   b. F

7. Ọnwụnwa ga abia ma mee ka ike gwụ anyị
   a. T
   b. F

8. Ndi-nwe-ayi nwuru anwu; ha nwụrụ anwụ, ha enweghịzi ike imetụta anyị belụsọ ma
   a. Anyị na-emehie n'ụzọ ụfọdụ
   b. Anyị na-efe ofufe ogologo oge n'otu oge
   c. Anyị na-egwulite ala gara aga

9. Anyị nwere ike inyere ndị ọzọ aka site n'ime ka ha mata na Chineke chọrọ ka ha nwee udo
   a. T
   b. F

10. Anyị nwere ike ịnapụta mmadụ na ahụhụ, ma inye ha udo a
    a. T
    b. F

CHAPTER 4
AGHA IME MMỤỌ

Agha Ime Mmụọ na-ada ụda mgbe niile dị ka ihe anyị na-eme.Mana ọ bụ Chineke na-eme ya site n'aka anyị, ọ bụrụ na Chineke anaghị eme ya, anyị ekwesịghịkwa ime ya.Chineke biara weputa ndi a dọtara n'agha. Ọ chọrọ ka ndị Ya nwere onwe ha karịa ka anyị chọrọ.
N'oge ihe omumu a, lekwasiri Ya anya maka nduzi Chineke - onye O choro inyere aka na obi ebere Ya maka ndi gbajiri agbaji.Cheta na anyi choro ime ihe anyị hụrụ ka Chineke na-eme.
Ọzọkwa, ọ dịghi mma ka naanị anyị anwa ilu agha Ime Mmụọ, nwee onye gị na ya bụ onye agha ama ama.
Agha a abụghị nke anyị; **ọ bụ nke Chineke.**

Onyeisi nke usu
Joshua 5:13-15 O rue, mḅe Joshua nọ n'akuku Jeriko, na o weliri anya-ya abua, we hu, ma, le, otù nwoke nēguzo na ncherita-iru ya, mma-agha-ya amiputara amiputa di n'aka-ya: Joshua we jekuru ya, si ya, Ọ̀ bu ayi ka i diri ma-ọbu ndi nēmegide ayi? 14 Ọ si, É-è; kama mu onwem bu onye-isi usu-ndi-agha Jehova; uḅu a ka m'biawaro. Joshua we da

kpue iru-ya n'ala, kpọ isi ala, si ya, Gini ka onye-nwem nāgwa orù-ya? 15 Onye-isi usu-ndi-agha Jehova we si Joshua, Yipu akpukpọ-ukwu-gi n'ukwu-gi; n'ihi na ebe nke gi onwe-gi nēguzo n'elu ya, nsọ ka ọ di. Joshua we me otú a. **Chineke adighiri anyi - anyi diri Ya.** Na ndu anyi kwa ubochi ichoputa mgbanwe ndi Chineke choro ime.Ọ bụghị otú anyị chọrọ isi gbanwee enyi anyị ma ọ bụ di anyị ma ọ bụ nwunye anyị. Mgbe anyị nwere nnukwu mkpa maka Agha Ime Mmụọ, anyị na-echeta na Chineke hụrụ onye ahụ n'anya karịa ka anyị nwere ike - nke mere na O zitere Ọkpara Ya ka ọ nwụọ wee dịrị ndụ maka ha. Anyi aghaghi ikwe ka Chineke bu agha hụ.

Igodo ato n'agha ime mmuo:
Ọ bughi site n'usu-ndi-agha, ọ bughi kwa site n'ike, kama ọ bu site na Mọm

Zekaraia 4:6 O we za, gwam okwu, si, Nka bu okwu Jehova nke Ọ gwara Zerubabel, si, Ọ bughi site n'usu-ndi-agha, ọ bughi kwa site n'ike, kama ọ bu site na Mọm, ka Jehova nke usu-ndi-agha siri.

Jizọs mere ihe O huru ka Nna ya mere:
Jon 5:19 Ya mere Jisus zara, si ha, N'ezie, n'ezie asim unu, Ọkpara apughi ime ihe ọ bula n'Onwe-ya, ma-ọbughi ihe Ọ huru na Nna-Ya nēme: n'ihi na ihe ọ bula Ya onwe-ya nēme, ndia ka Ọkpara-Ya nēme kwa otú ahu.

Ọbara Jizọs - kwụrụ ha niile.
otu n'ime ihe nkiri ndị kpụ ọkụ n'ọnụ nke gbasara agha ahụ Jizọs lụrụ dị na ihe nkiri ahụ bụ *ahuhu nke Kraist*. N'ime ihe egwu niile a na-ahụ anya gosipụtara; anyi huru na eti Kraist ihe, pia ya ihe ma kpọgide ya n'obe, anyị ga-aghọta na egwu ahụmahụ Jesus n'ezie karịrị ihe egosiri site na ihe nkiri ahụ..

Agha Ime Mmụọ

Jizọs kwụrụ ụgwọ iji buru ikike nke ekwensu. Naanị anyị na-abanye ma na-eje ije n'ike Ya.

Ka anyị nyochaa - Onyeisi ndị usu Onye Agha
Chineke kwere ka onodu n'ime ndu anyi ghara bibie anyị kama ịkụziri anyị ma wusie anyị ike.

Kụziere aka m ibu agha - Abù ọma 18:33-39
N'ihi na ònye bu Chineke, ma-ọbughi Jehova? Ònye bu kwa oké nkume, ma-ọbughi Chineke-ayi? 32 Ọ bu Chineke Nke ji ike kem dika ihe-ọkiké, Ọ nēme kwa ka uzọm zue okè. 33 O nēdozi ukwum ka ha di ka ukwu nne-ele: N'elu ebem di elu ka O nēguzokwam.. 34 O nēzi akam abua ibu agha; Ogwe-akam abua nārọgọ kwa uta ọla. 35 I nyewokwam ọta nzọputa-Gi:

Aka-nri-Gi nākwagidekwam, Ume-ala-n'obi nke Gi nēmekwam ka m'ba uba 36 I nēme ka nzọ-ukwum sa mbara n'okpurum, Nkwonkwo-ukwum ab̀uchapughi kwa. 37 Anamachu ndi-irom, we rue ha aru: Adighm-alaghachi kwa rue mb̀e emere ka ha gwusia. 38 Anam akwatu kwa ha, ha apughi kwa ibili ọzọ: Ha nāda n'okpuru ukwum abua. 39 I nēji kwa ike kem dika ihe-ọkiké ibu agha: I nēme ka ndi nēbili imegidem ruru ala n'okpurum. Ọzọkwa, lee II Samuel 22:35.

Abù Ọma Devid. 1 Onye agọziri agọzi ka Jehova, bú oké nkumem, bu, **Onye nēzí akam abua ilu ògù: Onye nēzí nkpisi-akam ibu agha** 2 Eberem, na ebem ewusiri ike, Na ulo-elum, na onye m'nwere ime ka m'b̀apu; Na ọtam, na onye m'b̀abàworo nime ya; Onye nāzọda ndim n'okpurum. Abù Ọma 144:1, 2

(n'ihi na ihe-agha nke ibu-agha-ayi abughi nke anu-aru,

kama ha sitere na Chineke bu ihe puru ikwada ebe ewusiri ike;) II. Ndi Kọrint 10:4
Ndị mmadụ agwawo m na ha na-eyikwasị ekike agha nke Chineke kwa ụbọchị. M na-agwa ha "anaghị m ewepụ ya." Abalị na-esiri ọtụtụ ndị ike. Ekike agha nke Chineke bụ otu ihe ahụ dị ka iyikwasị onwe anyi Onyenwe anyị Jizọs Kraịst. Na-iyikwasị ya ma ghara iwepụ ya. E nwere oge a kapịrị ọnụ anyị na-ezo aka na ihe agha ahụ - ma mata iji ya me ihe. Ijide n'aka na echekwabara uche anyị ka anyị ghara imeghe ụzọ site na ịgha ụgha ma ọ bụ mmehie ndị ọzọ.

Ekike agha nke Chineke

"10 Nke fọduru, menu onwe-unu ka unu di ike nime Onye-nwe-ayi, ya na nime idi-ike nke ike-Ya. 11 Yikwasinu ihe-agha nile nke Chineke, ka unu we pu iguzogide ihe nile ekwensu nēzuputa. 12 N'ihi na iba-nba-ayi abughi imegide anu-aru na ọbara, kama ọ bu imegide ibu-ndi-isi nile, imegide ichi-isi nile, imegide ndi-onwe-uwa nke ọchichiri a, imegide ndi-agha mọ nke ajọ ihe n'ebe di n'elu-igwe. 13 N'ihi nka chilienu ihe-agha nile nke Chineke, ka unu we pu iguzogide ndi-iro-unu n'ajọ ubọchi, na iguzo, ebe unu luputaworo ihe nile. 14 Ya mere guzonu, mbe unu weresiri ezi-okwu ke úkwù-unu, were kwa ihe-agha nke nēbochi obi yikwasi, bú ezi omume; 15were kwa nkwadebe nke bu ozi ọma nke udo yikwasi n'ukwu-unu; 16 tukwasi ihe nile ndia welienu ọta nke bu okwukwe, nke unu gāpu imenyu àkú-uta nile nēnwu ọku nke ajọ onye ahu nime ya. 17 Narakwa-nu okpu-agha nke bu nzọputa, ya na mma-agha nke Mọ Nsọ, nke bu okwu Chineke: 18 Site-kwa-nu n'ekpere na aririọ nile nēkpe ekpere n'oge nile nime Mọ Nsọ, were kwa inọgidesi-ike na iriọ-aririọ nile bayere ndi nsọ nile nāmu anya ime nka," Ephesians 6:10-18

Agha a bụ nke Onyenwe anyị - ọ bụghị nke anyị.

Ọ bụrụ n 'iga ebe ndị agha jiri ngwa ọgụ ha lụọ ọgụ, nke a apụtaghị na ịnọ usuu ndị agha.

Ọ bụrụ n 'ịnọ n' ndị agha ihe izizi ị kwupụtara bụ ịkwado obodo ahụ, ndị ọchịchị na ndị isi na-azụ ma na-edu gị. Na ndị mmadụ "na-ebu amụma, na-achụpụ ekwensu ma na-arụ ọrụ ebube" aputaghị na ha na-eme ihe Chineke na-egosi ha ka ha mee. Ọ pụtaghị na ha na-eme ebere ma ọ bụ na-erubere Eze nke Ndị Eze isi.

Matiu 7 "Chupu ndi-mọ ọjọ " – Amaghị m gị.

Ọ bughi onye ọ bula nke nāsim, Onye-nwe-ayi, Onye-nwe-ayi, gābà n'ala eze elu-igwe; kama ọ bu onye nēme ihe Nnam Nke bi n'elu-igwe nāchọ. 22 Ọtutu madu gāsim n'ubọchi ahu, Onye-nwe-ayi, Onye-nwe-ayi, àyi jiri aha-Gi bu amuma, àyi jiri kwa aha-Gi chupu ndi-mọ ọjọ, àyi jiri kwa aha-Gi lu ọtutu ọlu di ike? 23 Ma mḅe ahu ka M'gēkwuputara ha, si, Ọ dighi mḅe ọ bula M'mara unu: si n'ebe M'nọ pua, unu ndi nālu ọlu nēmebi iwu. Matiu 7:21-23

Chineke n'zụ ndi agha maka ala eze ya ndi g'amata onye obu; soro ntuziaka Ya na ndị ji ịhụnanya Ya na-agagharị. Mgbe ahụ, mgbe anyị zutere Ya, Ọ ga-asị nnọọ odibo m kwesịrị ntụkwasị obi. Soro m gaa

II Ihe Emere 20
Jehọshafat nwere otu nnukwu nsogbu. Onye iro ahụ gaje ibibi alaeze ya. Ụsụụ ndị agha atọ - ọ bụrụ na ọ masịrị gị, ha ji otu ebumnuche na-ga nke ya. Mbibi! Ka anyị hụ ihe Jehoshafat mere.

Jehoshafat kwuru obubu ọnụ ma chọọ ihu Onyenwe anyị

1 O rue, mḅe ihe ndia gasiri, na umu Moab, na umu

Amon, ha na ufọdu site na ndi ọzọ, biara imegide Jehoshafat n'agha. 2 Madu ufọdu we bia gosi Jehoshafat, si, Ìgwè madu bara uba esiwo n'ofè oké osimiri, site na Siria, bia imegide gi; ma, le, ha nọ nime Hazazon-tema (nke bu En-gedi). 3 Jehoshafat we tua egwu, che iru-ya ichọ Jehova; o we kpọsa obubu-ọnu na Juda nile. 4 Juda we chikọta onwe-ha ichọ iye-aka site n'aka Jehova: ọbuná site n'obodo nile nke Juda ka ha biara ichọsi Jehova ike.

Azịza Chineke nye Jehoshafat

2 Ihe Emere 20:15 ọ si, Ṅanu nti, Juda nile, na ndi bi na Jerualem, na eze-ayi, bú Jehoshafat, otú a ka Jehova siri unu, Unu onwe-unu atula egwu, unu atu-kwa-la ujọ n'iru ìgwè madu a bara uba; n'ihi na ọ bughi unu nwe agha nka, kama ọ bu Chineke nwe.

Mgbe Chineke zara Jehoshafat, o fere Ya ofufe

18 Jehoshafat we rube isi kpuchie iru-ya n'ala: Juda nile na ndi bi na Jerusalem da-kwa-ra n'ala n'iru Jehova, ikpọ isi ala nye Jehova. 19 Ndi Livai, bú ndi sitere n'umu ndi Kohat na ndi sitere n'umu ndi Kora, we bilie ito Jehova, bú Chineke Israel, n'olu di uku ri nne.

Jehoshafat biliri n'isi ụtụtụ wee rubere Chineke isi

20 Ha we bilie n'isi-ututu, pua ba n'ọzara Tekoa:

Jehoshafat guzobere ndi ukwe na ndi agba egwu n'iru ito Chineke

21 O we me ka ndi-ya dua ya ọdu, o we guzo ndi nābùku Jehova abù, ndi nēto kwa ima-nma nke idi-nsọ, mb̧e ha nāpu n'obodo n'iru ndi ejikere agha, si, Kelenu Jehova; n'ihi na rue mb̧e ebighi-ebi ka ebere-Ya di. 22 Ma na mb̧e ha malitere iti nkpu na ito otuto, Jehova tiyere ndi nēru nbì imegide umu Amon na Moab na ugwu Sia, bu ndi nābakuru Juda; ewe tib̧ue ha.

Jehoshafat chịkọtara ihe nkwata

25 Jehoshafat na ndi-ya we bia iluta ihe-nkwata-ha n'agha, ha we hu n'etiti ha ma àkù ma ozu ma ihe di oké ọnu-ahia n'uba, ha we napusia onwe-ha ihe, kari nke ha nwere ike ibū: ha we nọ ubọchi atọ nāluta ihe-nkwata n'agha, n'ihi na ihe bara uba ka ọ bu.

Jehoshafat kpachapụrụ anya iche ikele Chineke maka itinye aka ya

26 Ma n'ubọchi nke-anọ ha kpọkọtara onwe-ha na ndagwurugwu Beraka; n'ihi na n'ebe ahu ka ha gọziri Jehova: n'ihi nka ka ha kpọrọ aha ebe ahu, Ndagwurugwu Bekara, rue ta. 27 Ha we lata, nwoke ọ bula nke Juda na Jerusalem, Jehoshafat nāga kwa n'iru ha, iwere ọṅù lata na Jerusalem; n'ihi na Jehova mere ka ha ṅuria ọṅu n'iru ndi-iro-ha. 28 Ha we chiri une, na ubọ-akwara, na opì, biarue Jerusalem rue ulo Jehova. 29 Oké egwu Chineke we dikwasi ala-eze nile nke ala nile ọzọ, mb̧e ha nuru na Jehova busoro ndi-iro Israel agha.

Ọnụnọ Chineke-ebe mgbaba gị-Igodo gị

Igodo ndị ọzọ:
- Ị nweghị ike ịnye ihe ị nweghị
- Ọ bụrụ na Chukwu enyeghị gị ntụzi - agala na ịtụ anya
- Atụghị egwu - enyekwala egwu ohere
- Etinyela uche na onye iro

Lekwasị anya n'ihe Chineke na - eme ma na - ekwu - ugbu a. Kedu ihe bụ mkpa kasịnụ nke onye a? "Chineke kedu ka anyị kwesịrị isi kpee ekpere n'ọnọdụ a? Gịnị bụ ntụzịaka gị?" Enyela ichegbu onwe na egwu ohere. Chọọ n'Okwu Chineke ka ị mata ihe okwu ya kwuru gbasara ọnọdụ a.

N'agbanyeghi na anyi n'acho na ichere Chineke maka

ntuziaka ya aputaghi na anyi enweghi ike ime ihe obula - oburu na ichoro oru, bilie n'isi ututu ma kpee ekpere, hichaa onwe gi ma gawa icho oru. N'ime ndị agha, onye agha na-akwadebe ngwa agha ya ma chere iwu ya. Mee ihe ị maara na ị kwesiri ime ma cherekwa Chineke.

Agha na egwu -Gịnị ka Jehoshafat mere? Otuto na ofufe bụ ihe dị mkpa. Chineke bi na otuto nke ndi Ya ma mgbe anyi ne jeere mmadu ozi ma obu ogu nke ndu anyi, anyi choro onụnụ Ya. Toonụ ndị ozi Chukwu na ndị na-ejere anyị ozi.

Gaba 2 x 2

Mgbe ị na-ekpe ekpere nnapụta maka mmadụ, na-adụ ha ọdụ, ma ọ bụ na-ejere ha ozi - kpọrọ mmadụ ka gị na ya gaa. Ọ bụrụ n'ịnọdụ n'ọnọdụ ije ozi ma ọ bụ dụọ onye na-abụghị nwoke ibe gị ma ọ bụ nwanyị ibe gị ndụmọdụ, dowe obi gị n'ihu Chukwu ma kpọrọ mmadụ gaa ebe ahụ. Esola n'ụzọ mmetụta uche nke ukwuu nke na ị ga-echefu inyere ha aka. Ọ dị mma ka ụmụ nwoke na-ejere ụmụ nwoke ozi na ụmụ nwanyị na-ejere ụmụ nwanyị ozi.

Ọ we kpọ ndi-ozi iri na abua ahu biakute Ya, O we malite izipu ha abua abua; O nye-kwa-ra ha ike n'ebe ndi-mọ nādighi ọcha nọ Mak 6:7

Achụpụla Iwe, mpako ma inwe isi obubu

Ị Pụghị iji mmehie chụpụ mmehie. Iwe, mpako na inwe isi obubu bu nmehie.

N 'ihi na o kpasuru gi iwe apụtaghị na ọ bụ mmụọ ma ọ bụ na ọ na-ewute Chineke. Anụla m banyere ndị mmadụ na-asị "ana m eke gị n'aha Jizọs" ka ha na-agwa di ha ma ọ bụ nwunye ha ma ọ bụ enyi ha okwu n'ihi na onye ahụ anaghị eme ihe ha chọrọ. Nke a abụghị ihe gbasara anyị! Ọ bụ maka ịhụnanya nke Chineke egosipụtara ụwa, ka ha wee mara Ya! Anyi ana-ekpe ekpere ma na ebu ọnụ maka mkpa onwe anyị ma ọ bụ maka nzọpụta ha?

Chebe obi gị
Mmetụta ndị mmadụ dị elu n'oge ndị a, anyị ga-elekwasị anya na nke a abụghị maka anyị, ọ bụ maka **ịhụnanya dị ọcha nke Chineke nke egosiri onye a**, ka e wee gwọọ ha ma weghachite ha dum.

Kari ihe-ndebe-gi nile chebe obi-gi; N'ihi na site na ya ka nputa nile nke ndu di. Ilu 4:23
Ya mere, onye nēchè na o nēguzo, ya lezi anya ka ọ ghara ida. I Ndi Kọrint 10:12
Nnụnụ nwere ike ife n'elu ma ekwekwala ka ha akwụ akwụ́ n'isi gị.

Echiche, echiche, echiche... Ozugbo anyị nwere onwe anyị yana mgbe anyị na ndị ọzọ na-arụkọ ọrụ, echiche nke nabata gị n'obi apụtaghị na ọ bụ "ekwensu" ma ọ bụ na emeriri anyị. Mgbe echiche na-ezighi ezi batara, **etinyela uche na ha**. Anyị ekwesịghịkwa ịkatọ onwe anyị n'ihi na otu echiche batara anyị n'obi. Ọ ga-agbanwe ndụ anyị na uche anyị dika anyị na-achọ Ya ma hapụ Ya.

M'gāwusa kwa unu miri di ọcha, unu ewe di ọcha: ọ bu iru-árú nile unu na arusi nile unu ka M'gēme unu ka unu si nime ha di ọcha. Ezikiel 36:25
ka O we do ya nsọ, mḅe O mesiri ka ọ di ọcha site n'ọsisa miri n'okwu Chineke, 27 ka Ya onwe-ya we che nzukọ ahu n'iru Onwe-ya dika ihe di ebube, nēnweghi ntupọ ma-ọbu iru-ndọli ma-ọbu ihe ọ bula n'ihe di otú a; kama ka o we di nsọ buru kwa ihe anāpughi ita uta. Efesọs 5:26-27

KA ANYỊ NYOCHAA - ONYE DIKE

Onye Iro

Ajọ mọ ahu we za, si ha, Jisus ka m'matara, ama-kwaram Pọl; ma ùnu onwe-unu bu ole ndi? Ọlu Ndi-Ozi 19:15

Onye iro Chineke siri ike ma nwekwaa ike; anaghi eji ya gwuo egwu.

Le, otú i siworo n'elu-igwe da, gi Lusifa, nwa chi-ọbubọ! le, otú ebutuworo gi n'ala, gi onye nēme ka ike gwu mba nile! Aisaia 14:12

Onye iro kpọrọ Chineke asị. Ọ kpọrọ anyị asị n'ihi na e mere anyị n'onyinyo Chineke anyị na-echetara ya maka Chineke.

Jehova, bú Chineke, we si agwọ ahu, N'ihi na i mewo nka, ihe anābu ọnu ka i bu kari anu-ulo nile, na kari anu ọhia nile ọ bula; afọ-gi ka i gēji je ije, ọ bu kwa ájá ka i ganēri ubọchi nile nke ndu-gi: 15 iro ka M'gētiye kwa n'etiti gi na nwayi ahu, na n'etiti nkpuru-gi na nkpuru-ya: nkpuru ahu gēchifia gi n'isi, gi onwe-gi gēchifia kwa ya n'ikiri-ukwu. Jenesis 3:14, 15

Ọdịdị nke anụ ahụ: ihe niile anyị bu na-ihu Kraịst, ihe niile anyị ketara n'aka Adam, ihe niile na-arụ ọrụ na Agbụrụ nke Adam.

Ọdịdị anụ ahụ anyị - n'agbanyeghị otu anyị si eji ejiji ma ọ bụ igbanwe, ọ nweghị ike ma a bịa n'ihe ime mmụọ. O nweghịkwa ike n'ebe onye iro Chineke nọ. Olileanya na Ike anyị bụ:

Jizọs kwụrụ ụgwọ iji nwere ikike n'ebe ekwensu nọ. Anyị na-abanye ma na-eje ije n'ike Ya.

3 N'ihi na ọ bu ezie na ayi nējeghari n'anu-aru, ma ayi adighi-ebu agha dika anu-aru si ebu: 4 (n'ihi na ihe-agha nke ibu-agha-ayi abughi nke anu-aru, kama ha sitere na Chineke bu ihe puru ikwada ebe ewusiri ike); 5 ebe ayi

nēweda ihe anātule n'obi, na ihe nile ọ bula di elu nke
eweliri elu imegide ọmuma Chineke, ayi nādọta kwa ihe
nile ọ bula anēchèputa n'agha iṅa nti Kraist; II Kọrint 10:3-5
Enyela ekwensu ohere
A na-alụ Agha Ime Mmụọ site n'ike nke Jizọs Kraịst.
Anyị enweghị ike iji mmehie wepụ mmehie. Akụkụ
Akwụkwọ Nsọ a na-agwa anyị otu anyi agaghi esi enye
ekwensu ohere:
22 ka unu tupu madu ochie unu, nke nēmebi emebi
n'uzọ agu nke aghughọ, dika ibi-obi-unu na mbu si di; 23 ka
eme kwa ka unu di ọhu na mọ nke uche-unu; 24 ka unu
yikwasi kwa madu ọhu unu, nke ekère dika Chineke chọrọ
nime ezi omume na idi-ọcha nke ezi-okwu ahu.
25 N'ihi nka, ebe unu tupuru okwu-ugha, nēkwunu ezi-
okwu onye ọ bula n'ebe onye-aḅata-obi-ya nọ: n'ihi na ayi
nāburita ihe di n'aru ibe-ayi. 26 Unu emehiela mḅe unu
nēwe iwe: ekwela anyanwu da na nkpasu-iwe-unu: 27 enye-
kwa-la ekwensu uzọ. 28 Ka onye nēzu ori ghara izu kwa ori
ọzọ: kama ka ọ dọḅu onwe-ya n'ọlu, nēji aka ya abua lu ezi
ihe, ka o we nwe ihe ya na onye nọ na nkpà gēketa. 29 Ka
okwu ọ bula nke ruru aru ghara isi n'ọnu-unu puta, kama
ihe bu ezi ihe, iwuli madu elu dika ulo, dika nkpà si di, ka o
we nye ndi nānu ya amara. 30 Unu eme-kwa-la ihe gēwuta
Mọ Nsọ nke Chineke, Onye akara unu akàrà nime Ya rue
ubọchi nḅaputa. 31 Ka ewepu ihe-ilu na ọnuma na iwe na
iti-nkpu na nkwulu nile, ha na obi ọjọ nile, n'etiti unu: 32
nweritanu obiọma n'aru ibe-unu, nwenu obi ọmiko, were-
kwa-nu amara ḅaghara onwe-unu, dika Chineke were-kwa-
ra amara ḅaghara unu nime Kraist . Ndi Efesọs 4:22-32
Ngwá onye iro nke nkewa :
Mgbe anyị na-azụ ndị ozi na ndị ụkọchukwu n 'mba

ofesi otu n'ime ajụjụ mbụ na-ebilite bụ gịnị kpatara na mgbe ha gara n'ubi ozi na ebe gbara ọchịchịrị, ha na-alụ so kari onwe a ọgụ mgbe nile. Chineke na-enye ngọzi mgbe ịdị n'otu dị. Onye iro Chineke na-enwe obi ụtọ ma nkewa dị - otu n'ime usoro agha kachasị ukwuu bụ ịkpata nkewa na ogige ndị iro - mee ka ha lụọ ọgụ n'etiti onwe ha.

Mgbe anyị nwe mmetụta na ọnụnọ nkewa a, kpee ekpere megide ya ma **kwe ka ịhụnanya Chineke si n'etiti anyị** rue ibe anyị ma jụ ịmeghachi ahụ na anụ ahụ anyị.

Ekike agha nke Kraịst

13 N'ihi nka chilienu ihe-agha nile nke Chineke, ka unu we pu iguzogide ndi-iro-unu n'ajọ ubọchi, na iguzo, ebe unu luputaworo ihe nile. 14 Ya mere guzonu, mḅe unu weresiri ezi-okwu ke úkwù-unu, were kwa ihe-agha nke nēḅochi obi yikwasi, bú ezi omume, 15 were kwa nkwadebe nke bu ozi ọma nke udo yikwasi n'ukwu-unu; 16 tukwasi ihe nile ndia welienu ọta nke bu okwukwe, nke unu gāpu imenyu àkúuta nile nēnwu ọku nke ajọ onye ahu nime ya. 17 Narakwa-nu okpu-agha nke bu nzọputa, ya na mma-agha nke Mọ Nsọ, nke bu okwu Chineke: 18 site-kwa-nu n'ekpere na aririọ nile nēkpe ekpere n'oge nile nime Mọ Nsọ, were kwa inọgidesi-ike na iriọ-aririọ nile bayere ndi nsọ nile nāmu anya ime nka; Ndi Efesọs 6:13-18

14 Kama yikwasinu Onye-nwe-ayi Jisus Kraist, unu ebukwa-la uzọ nēchère aru, ime ihe ọjọ nāgu ya. Ndi Rom 13:14

Rịba ama otu esi kpuchie Ekike agha nke Kraist mgbe anyị **na-eyikwasị Onyenwe anyị Jizọs Kraịst?** Eji nzọpụta Ya kpuchie Isi anyị, Baptizim Mmiri na-agbaze Ọdịdị Adam. Mgbe anyị jere ije n'ime Mmụọ Ya, anyị n'eji eziokwu na ezi omume ekpuchi ọtụtụ uzọ na ndụ anyị. Mgbe anyị na-

Agha Ime Mmụọ 57

eyikwasị Onyenwe anyị Jizọs Kraịst ma na-emeghị ndokwa ọ bụla maka anụ ahụ - anyị na Ekike aghaya na-ebi. Onye iro kpọrọ Chineke asị. Ọ kpọrọ anyị asị n'ihi na e mere anyị n'onyinyo Chineke ma na-echetara ya maka Chineke. Anyị atụkwasịghị onye iro ma ọ bụ ihe ọ na-ekwu obi. Mgbe anyị hụrụ ya, anyị na-ajụ "Onyenwe anyị gịnị ka I chọrọ ka m mee gbasara ọnọdụ a." Anyị na-amalite ikpe ekpere maka onye ahụ ma chọọ Chineke maka nzọpụta nke onye ahụ. Mgbe oge ruru ikpe ekpere, anyi n'enye ike ndi ahu n'olulu ala mmụọ n'aha Jizọs Kraist. Anyị na-ekpe ekpere site n'ikike nke Onye kwụrụ ụgwọ ahụ.

Wepụ si "ịrịọchite" site na Rev. Agnes I. Numer

Gụọ Daniel isi iri.

Daniel malitere ikpe ekpere, Chineke nụrụ ya site na mgbe o debere obi ya n'ebe Chineke nọ. O nuru ma mara akwa nke obi Daniel. Mana ike, ndị isi nọ n'ikuku gbochiri ekpere ahụ ịbịakwute Chineke. Ihe niile bụ na ka Daniel na-ekpe ekpere Chineke kpughere Daniel onwe ya. Ọ bụ Kraịst Daniel hụrụ jeere ya ozi.Mana o kwuru na o were ogologo ụbọchị iri abụọ na otu ahụ iji wepụ ndị isi na ike ndị dị na mbara igwe, Daniel maara nke ahụ Chineke nụrụ ekpere ya mana ọ nweghị ike iwete azịza ya ruo mgbe ọ lụrụ agha ime mmụọ n'eluigwe.

Amaara m na ike nke ekwensu siri ike karịa na ụfọdụ obodo karịa ndị ọzọ. Ihe ndị a bụ ike onye iro debere ebe ha ga-anọ ọdụ ebe ahụ.

N'ihi ya, Daniel erighị nri. Echere m na ọ ga-ebu ọnụ ụbọchị iri abụọ na otu ahụ. Mana Onye-nwe-anyị chọrọ ka ọ mata na oge ahụ o tinyere obi ya ikpe ekpere - Chineke nụrụ ekpere ya.

Ama m na nke a bụ eziokwu. Chineke nyere anyi udi ihe di ike di otua ma jiri Mmụọ Nsọ gọzie anyị. Ana-agọzi anyị site n'Onye na-ewe ekpere ahụ ma were ya nye Nna dịka uche

Chineke si dị. Anyị bụ ndị a gọziri agọzi taa n'agbanyeghị na a chụrụ ndị isi n'ụwa. Ugbu a, ekwensu enweghị ike ịbanye n'eluigwe ikwusara Nna anyị ihe ndị megidere anyị. Agbajiri Ihe ahụ. Chineke nyere anyị ikike na ọchịchị ịkwada ike na ọchịchị dị iche iche site n'ekpere na arịrịọ.

Ka anyị nyochaa - Onye Iro

Onye a dọtara n'agha

Onye a dọtara n'agha na nkebi a nwere ike ịbụ mmadụ ọ bụla, onye agbata obi gị, onye nọ n'okporo ámá, ezinụlọ gị; ọbụna ị nwere ike ịbụ onye a dọtara n'agha.

Ọ dịghị mgbe Chineke zubere ka anyị bụrụ ndị a dọtara n'agha.

Ma ọ bu ayi nile n'otù n'otù ka enyere amara ahu dika ọtùtù nke onyinye Kraist si di.

8 N'ihi nka Ọ si, Mḅe Ọ rigoro n'elu, Ọ dọtara usu ndi adọtara n'agha n'agha, Nye kwa madu onyinye di iche iche. Efesọs 4:7, 8

18 Mọ nke Onye-nwe-ayi di n'arum. N'ihi na O terem manu izì ndi-oḅenye ozi ọma:

O ziteworom ikwusa ọrira gwa ndi adọtara n'agha, Na ikwusa ihu-uzọ gwa ndi-ìsi, Izipu ndi etihiawara aru ka ha la, 19 Ikwusa arọ mḅe Onye-nwe-ayi nānara madu nke-ọma. Luk 4:18, 19

Site na tutu odida Adam mbu, Chineke nwere atumatu iweghachite azu ndi nke Ya.

Ka onye ọ bula ghara isi, mḅe anānwa ya, Anēsite n'aka Chineke anwam: n'ihi na Chineke bu Onye anāpughi iwere ihe ọjọ nwa Ya, Ya onwe-ya adighi-anwa kwa onye ọ bula: 14kama anānwa onye ọ bula mḅe agu ihe ọjọ nke aka ya nādọkpufu ya, ewe rafue ya. 15Mḅe ahu agua ihe ọjọ ahu, mḅe ọ tuworo ime, o we muputa nmehie: nmehie

Agha Ime Mmụọ

ahu, mbe o tozuru okè, o we muputa ọnwu. Jemes 1: 13-15

Ha agaghi-eme kwa onwe-ha ka ha muta ọzọ, onye ọ bula o me ka onye-abata-obi-ya muta, onye ọ bula o me kwa ka nwa-nne-ya muta, si, Maranu Jehova: n'ihi na ha nile gāmara Mu onwem, site n'onye dikarisiri ntà nime ha we rue onye dikarisiri uku nime ha, (ọ bu ihe si n'ọnu Jehova puta): n'ihi na M'gābaghara ajọ omume-ha, M'gaghi-echeta kwa nmehie-ha ọzọ Jeremaia 31.34

Obi Chineke na-enwe ọmịiko mgbe niile maka ndị Ya ka ha wee nabata ọdịdị Ya n'ezie - Mkpụrụ ndụ Ya ma wee bịrị n'udo Ya.

Jehova, I gēdoro ayi udo: n'ihi na ọ bu kwa ọlu nile nke ayi ka I luworo ayi. 13 Jehova, Chineke-ayi, ndi nwenu ọzọ enwewo ayi, ọ bughi nání Gi; ma ọ bu nání site na Gi ka ayi gēhota aha-Gi. 14 Ndi nwuru anwu adighi-adi ndu; ndi nādighi ndu adighi-ebili: n'ihi nka ka I letaworo ha we kpochapu ha, me ka ncheta nile nke diri ha la n'iyì. Aisaia 26:12-14

Na ndu anyi, Chineke achoghi ibibi onye iro ma ọchọrọ ime ka ncheta onye iro laa n'iyi! Nke a bụ atụmatụ Chineke! Ọtụtụ ndị a dọọrọ n'agha amaghị na Chineke chọrọ ka ha nwee udo.

Jisos chupuru ekwensu dara ogbi ma obu dika ayi n'ekwu taa ta ogbi - onye apughi ikwu okwu. Mgbe o mechara, ndị mmadụ na-eche otú nke a ga-esi dị. Enwere m ike iche n'egwu na nkụja - nnapụta a bụ ihe ọ dighi onye huworo ya n'ụbọchị Jizọs. Ọzọkwa, Jizọs ji ohere ahụ kụziere ndị nwere ntị ige ntị banyere agha ime mmụọ.

Mbe ọ bula mọ nādighi ọcha siri n'aru madu pua, ọ nāgabiga n'ebe miri nādighi nāchọ izu-ike: ma ebe ọ dighi-

achọta ya, ọ si, M'gālaghachi n'ulom ebe m'siri puta. 25Mḅe ọ biara, o we hu ya ka azachasiri ya dozisia ya. 26Mḅe ahu ọ ga, chiri mọ-ibe-ya asa nke jọkari ya onwe-ya njọ tiyere onwe-ya; ha we ba biri n'ebe ahu: ọnọdu ikpe-azu nke madu ahu bia jọkari nke-mbu. Luk 11:24-26
Ederede site na"Mgbapụta zuru ezu" nke Rev. Agnes I.
Numer:
"Jizọs agaghị n'obe naanị ka ọ rụọ ọrụ ọkara. Ọ rụrụ ọrụ zuru oke - ọ bụ anyị na-arụ ọkara ọrụ. Chineke agaghị ekwe ka anyị jiri ọkara ọrụ gafee, emere m ka ị mara nke ahụ. Anyi aghaghi ikwe ka Ọ sachaa ulo anyi nile. Chineke nyere m ọhụụ otu oge nke ulo. Ọ bụ ụlọ obibi mara mma mana ọ ruru unyi. O siri na otu a ka m dịrị ya. Ọ siri na azụrụ m gị dịka ị dị ugbu a, aga m ehicha gị. ị di ka ulo a: eriri idide, mgbidi ojii, unyi n'ebe nile ma Onye-nwe-ayi kwuru na m ga-eme ka ị dị ọhụrụ ma agbanwe gị.

Lee ma ọ bụrụ na anyị hapụ Ya ka ọ mee ya - anyị na sị na ahụrụ m gị n'anya na m ga-ahapụ gị ka ị hichaa ụlọ m - mana ime ụlọ ndị ọzọ kpọchiriakpọchi! Nke ahụ bụ ụzọ anyị chọrọ ijere Onyenwe anyị ozi mana nke ahụ abụghị otu anyị kwesịrị ijere Onyenwe anyị ozi. Anyị nwere ike imeghe Ya ụlọ ahụ nile ma ọ bụ na Ọ gaghị ewere nke ọ bụla. Gịnị ma ọ bụrụ na ị zụtara ụlọ mana onye nwebu mbụ ya chọrọ ibi n'ụlọ ahụ - ị kwụrụ ụgwọ maka ụlọ dum ma ọ edebere ụzọ atọ n'ime ụzọ inọ ego ahu? Echeghị m na nke ahụ ga-arụ ọrụ. Ọ bụ otu ụzọ ahu na Jizọs - anyị enweghị ike ijere Ya ozi ọkara. Anyi aghaghi iji obi anyi dum, na nkpuru anyi nile, uche anyi nile, na ike anyi bia - aru, uche na nkpuru obi. Jizọs kwụrụ ụgwọ ahụ."

Ugboro asaa m ka njọ ọbụghi egwuregwu - ọbụghi ihe ọ bụla eji egwu egwuregwu. Mgbe Chineke napụtara mmadụ ma kpochapụ "ụlọ" ha, gịnị ka ha na-eme? Olee otú ha si emejupụta "ụlọ" ha?

Mḅe ahu ọ ga, chiri mọ-ibe-ya asa nke jọkari ya onwe-ya njọ tiyere onwe-ya; ha we ba biri n'ebe ahu: ọnọdu ikpe-azu nke madu ahu bia jọkari nke-mbu. Luk 11:26
Mgbe a napụtasịrị ha, ndị mmadụ nwere ike na-eche ihe efu na a furu obere efu.
Onye nweburu mpaghara ahụ na ndụ ha alago ma ugbu a gịnị ka ha na-eme? Ebe ndị a kwesịrị ijupụta na Chineke! Kpee ekpere ka Chineke me ka onye ahụ jupụta na udo ya na ọṅụ ya. Ọ bụrụ na amụrụghị ha ọzọ, kuziere ha maka nzọpụta ma jụọ ha ma ha ga-jụọ Jizọs kọbata n'ime obi ha. Duru ha gaa n'ọzọ ọzọ na ije ha na Chineke. Kuziere ha etu esi emechi uzo ndi iro ha meghere. Gbaa ha ume ka ha na-aga ụka ma soro ndị ga-agba ha ume ma gwọọ ha.

Jisus si ya, Bilie, chiri ute-gi, nējeghari. 9 Ngwa ngwa ewe me ka aru di nwoke ahu nma, o we chiri ute-ya, we nējeghari Ma ọ bu ubọchi-izu-ike n'ubọchi ahu.... 14 Mḅe ihe ndia gasiri Jisus chọputara ya n'ulo uku Chineke, si ya, Le, emewo ka aru di gi nma: emehiela ọzọ, ka ihe jọkariri njọ ghara ime gi. Jon 5:8, 9, 14

Jisus we welie Onwe-ya elu, si ya, Nwanyi, òle ebe ha nọ? ọ dighi onye ọ bula mara gi ikpé? 11O we si, Ọ dighi onye ọ bula, Onye-nwe-ayi. Jisus we si, Mu onwem amaghi kwa gi ikpé: ga nke gi. site n'ubụ a adila nēmehie ọzọ. Jon 8:10, 11

Ka anyị nyochaa - Onye a dọtara n'agha
Ngwá Agha Anyị
N'ihi na ọ bu ezie na ayi nējeghari n'anu-aru, ma ayi adighi-ebu agha dika anu-aru si ebu: 4 (n'ihi na ihe-agha nke ibu-agha-ayi abughi nke anu-aru, kama ha sitere na Chineke bu ihe puru ikwada ebe ewusiri ike); 5 ebe ayi

nēweda ihe anātule n'obi, na ihe nile ọ bula di elu nke eweliri elu imegide ọmuma Chineke, ayi nādọta kwa ihe nile ọ bula anēchèputa n'agha iṅa nti Kraist; 6 ayi nānọ kwa dika ndi edoziworo ikpeputa aṅaghi-nti nile n'ihè, mb̧e ọ bula agēmezu iṅa-nti-unu. II Ndi Kọrint 10:3-6

Nke onye ka ị ga-ekwere

Okwu Chineke na-ekwu na anyị ga-amata eziokwu na eziokwu ga-eme ka anyị nwere onwe anyị. Ebee ka eziokwu si bia? Ị ga-ekwere n'Okwu Chineke ka ị ga-ekwenye na amụma banyere ọdịnihu mmadụ ma ọ bụ onye na-agụ ọba aka gị. Ị ga-ekwere na okike - ma ọ bụ Onye Okike? Ị ga-arapara na mkpụrụ ndụ nke Chukwu ma ọ bụ mkpụrụ ndụ nke Adam?

Ònye kwere ihe ayi nuworo? ogwe-aka Jehova kwa, n'àru onye ka ekpugheworo ya? Aisaia 53:1

Anyị enweghị ike ịna-aga n'ihu ma na-alaghachi n'otu oge, ma agha a bụ nke Onyenwe anyị ma ọ bụ na anyị ga-eji mmụọ anụ ahụ anyị lụọ ọgụ – ihe omuma nke uwa anyi nwere, ya na mkpụrụ ndụ Adam. Anyị agaghị enwe obi abụọ ma na-atụ anya inwere onwe anyị.

Jụ agbụ ahu

Kpee ekpere ka ikpu ìsì pụọ n'obi onye a dọọrọ n'agha ka O wee hụ Jizọs, bú onye-ndú na onye-nmezu nke okwukwe-ayi. Onye a dọtara n'agha ga-erute Chineke, anyị nwere ike ịme ụfọdụ n'ime agha ahụ mana onye a dọtara n'agha ga-eme mkpebi nke aka ya ka ọ wee nwere onwe ya.

N'ihi nka, ebe ayi nwere ije-ozi a, dika emere ayi ebere, ike agwughi ayi n'obi: 2 kama ayi juru ihe-nzuzo nile nke nēweta ihere, ayi adighi-ejeghari n'aghughọ, ayi adighi-emeso kwa okwu Chineke n'uzọ itu-ntu; kama ayi ji ngosi nke ezi-okwu nēme ka akọ-na-uche nke madu nile n'otù n'otù mara ayi n'iru Chineke. 3 Ma asi kwa na ekpudoworo ozi ọma ayi ihe, ọ bu n'etiti ndi nāla n'iyì ka ekpudoworo ya: 4 ndi chi nke oge a mere ka anya nke uche nke ndi nēkweghi ekwe kpu ìsì n'etiti ha, ka inye-ìhè nke ozi ọma nke ebube Kraist, Onye bu onyinyo Chineke, we ghara iwakwasi ha. II Ndi Kọrint. 4:1-4

Kedu ihe ịjụ pụtara?

Ntughari pụtara "ịjụ." Agbụ c bụla nke onye a dọtara n'agha nwere, ọ ga-ahapụrịrị ya ma 'jụ' ya. Cheghariạnụ na ya pụọ na ya. Otu ụbọchị, Jizọs gosiri m otu ubi nwere akara "Achọghị njehie" n'elu ya. Mgbe anyi diri Jesus ekwensu bu Onye njehie. Gwa ya. Anyị ga-ahapụrịrị ụgha, akwụwaghị aka ọtọ, aghụghọ na mmehie niile nke megheere "Onye njehie" ahụ ụzọ. Ozugbo anyị bụ nke Chineke, anyị nwere ikike ịgwa "Onye njehie" ahụ ka ọ pụọ ma ghara ịlaghachi.

Gịnị ka Jizọs mere?

Gịnị ka Jizọs mere mgbe a lụsoro ya agha Ime Mmụọ?

Mgbe Jizọs nọ n'ọzara ma merie ekwensu site na ịghara ịdaba n'ọnwụnwa, ọ banyere n'ụlọ nsọ jiri akịkọ otito, na nkwupụta nke nzube Ya na ndụ.

Gụọ site na Luk 4:

1 Ma ebe Jisus juputara na Mọ Nsọ, O si na Jọdan laghachi, Mọ ahu we duru Ya nāgaghari n'ọhia, 2 ekwensu nānwà kwa Ya ọgu ubọchi abua. O righi kwa ihe ọ bula n'ubọchi ahu: mbẹ ubọchi ahu zuru, agu we gua Ya. 3 Ekwensu we si Ya, Ọ buru na I bu Ọkpara Chineke, gwa nkume a ka ọ ghọ obẹ achicha. 4 Jisus we za ya, si, Edewo ya n'akwukwọ nsọ, si, Ọ bughi nání achicha ka madu gēji di ndu. 5 Ọ we duru Ya rigo, we gosi Ya ala-eze nile nke eluuwa dum madu bi na nkenke oge. 6 Ekwensu we si Ya, Gi ka m'gēnye ike a nile, na ebube-ha: n'ihi na ararawo ya nye

n'akam; onye ọ bula m'chọ-kwa-ra inye ya m'nye ya. 7 Ya mere ọ buru na Gi onwe-gi gākpọ isi ala n'irum, ihe a nile gābu nke Gi. 8 Jisus we za, si ya, Edewo ya n'akwukwọ nsọ, si, Onye-nwe-ayi Chineke-gi ka i gākpọ isi ala nye, ọ bu kwa nání Ya ka i gēkpere. 9 O we duru Ya ga Jerusalem, guzo Ya n'elu akuku ulo uku Chineke, si Ya, Ọ buru na I bu Ọkpara Chineke, si n'ebe a tuda Onwe-gi n'ala: 10 n'ihi na edewo ya n'akwukwọ nsọ, si, Ndi-mọ-ozi-Ya ka Ọ gēnye iwu bayere gi: 11 Ọzọ, Ọ bu kwa n'elu aka-ha ka ha gēburu gi, Ka i ghara ikpọbì ukwu-gi na nkume ma eleghi anya. 12 Jisus we za, si ya, Ekwuwo, si, Anwala Onye-nwe-ayi Chineke-gi. 13 Mḅe ekwensu nwasiri ọnwunwa nile, o we si n'ebe Ọ nọ pua rue mḅe ọzọ.

14 Jisus we laghachi na Galili n'ike Mọ Nsọ: ùdé-Ya we pua jesa n'ala dum di buruburu. 15 Ya onwe-ya we nēzí ihe n'ulo-nzukọ nile ha, madu nile nēnye kwa Ya otuto.

16 O we bia rue Nazaret, ebe azuputara Ya, O we ba n'ulo-nzukọ-ha n'ubọchi-izu-ike, dika Ọ nēme mḅe dum, O we bilie igu akwukwọ. 17 Ewe nye Ya akwukwọ Aisaia onye-amuma n'aka. Ó we meghe akwukwọ ahu, chọta ebe edeworo ya, si,

18 Mọ nke Onye-nwe-ayi di n'arum.

N'ihi na O terem manu izì ndi-oḅenye ozi ọma: O ziteworom ikwusa ọrira gwa ndi adọtara n'agha, Na ikwusa ihu-uzọ gwa ndi-ìsi, Izipu ndi etihiawara aru ka ha la,

19 Ikwusa arọ mḅe Onye-nwe-ayi nānara madu nke-ọma.

NKE A BỤ NZUBE JIZ! S JI B! A N'! WA! KA O WE MEE KA ANYI nwere onwe anyi! Ọ bụ ihe Chineke chọrọ maka anyị ka ewe me ka ayi laghachikute Nna-ayi.Oh, a sị na Adam na Iv ahọrọghị ige Ekwensu ntị. Oh, ka anyi ghota ihe nile Chineke nwere maka anyi ma kwusi ige ndi ahu ekere eke nti, ma gee Onye Okike nke Eluigwe na Ala nti. Lee ka anyị ga-esi nwere onwe anyị! Lee echiche dị ike site na Onye na-ahụ ihe NIILE gara aga, ma ugbu a, ma ọdịnihu na mgbe ebighị ebi... Ị ga - ekpebi - Ndụ ma ọ bụ ọnwụ, Nnwere onwe ma ọ bụ Nkekọ, Ezi ma ọ bụ Ihe Ọjọọ. Anyị enweghị ike inwe ha abụọ.

Ma ọ buru na amam-ihe fọduru onye ọ bula nime unu inwe, ya riọ n'aka Chineke, Onye nēnye madu nile n'afọ-ofufọ, nātaghi kwa uta; agēwere kwa ya nye ya. 6 Ma ya riọ n'okwukwe, ghara inwe obi abua: n'ihi na onye nwere obi abua yiri ebili-miri nke oké osimiri mḅe ifufe nēfeghari ya, anātuli kwa ya elu. 7 N'ihi na, ka madu ahu ghara ichè na ọ gānata ihe ọ bula n'aka Onye-nwe-ayi. 8 Ọ bu nwoke nwere uche abua, onye nādighi-eguzo n'otù ebe n'uzọ-ya nile..

Jemes 1:5-7
Ederede site na "Atụkwala n'onwe gị" site na Rev. Agnes I. Numer

ANYỊ NA-EKWU MAKA NGWA ! GỤ ANYỊ NKE AGHA ANYỊ - ngwa ọgụ ndị a abụghị nke anụ arụ ha dị ike!

Otu abalị, n'elekere atọ nke ụtụtụ, mmadụ kụrụ aka n'ọnụ ụzọ m wee sị, "Nwanne anyị nwanyị Numer nke a bụ ihe mberede ma ọ bụ na anyị agaghị anọ ebe a." Nwoke ahụ na nwanyị ahụ na-abịa nzukọ anyị mana anyị amachaghị banyere ha. Ọ kpọbatara ya. E zigara m nwa m nwoke, David, ka ọ gaa n'ụlọ nke ọzọ ga hie ebe ọzọ. Anyị mere ka ọnụ ụlọ ahụ bụrụ ụlọ nnaputa. Naanị m emetụbeghị nnapụta ọ bụla na ndụ m! M wee banye mana ike gwụrụ nwoke ahụ na-ike n'ihi iburu nwunye ya gaa ụka ọ bụla dị na LA. Ha kwuru, sị, "Gaa kpụrụ ya gaa ụlọ ọgwụ ọgụgụ isi, anyị enweghị ike inyere ya aka." Nwunye ya siri, "Anọ m na ụka ma Chineke kpọtara m n'ezi uche m wee sị ka a kpọga ya Sis. Numer ọ ga-enyere ya aka. " Amaghị m na m ga-enyere ya aka. Amalitere m ikpe ekpere banyere ya. Ha kpọtara ya. Isi adịghị ya mma.

Eguzo m ebe ahụ wee lepụ anya site na nnukwu windo m, ahụrụ m ugwu, m lepụrụ anya n'ebe ahụ wee sị, "Jizọs gịnị ka m ga-eme?" O kwuru, sị, "are gaghị eme ihe ọ bụla, abụ m." Ọ batara na windo ahụ - banye m.

Jizọs mere mgbaputa nke nwanyi ahu; Enwetụbeghị ụdị ihe a ná ndụ m. N'abalị niile ahụ, Jizọs kụziiri m n'usoro n'usoro. Ọ ga-ete m mmanụ. Ike ndị dị n'ime ya ga-dakwasi m. Ọ bụ ọzụzụ m, ka m nwee ike mata otu m ga-esi mee ya - mgbe Onyenwe m tere m mmanụ - ọ bụghị mgbe m chọrọ ime ya. Anyị kpere ya ekpere obere oge m wee gaa n'ime ụlọ ọzọ, ka Ọ hapụ m ka m zuru ike ma zuo ike. Mgbe ezumike ya gasiri, aga m abanye iwetara ya nnapụta. Amutaram ihe nile banyere ekwensu.

Amụtara m ihe ha kwuru na otú ha si akpa àgwà. Aha ha, ha kwuru, "Ọ bụ usuu ." Kedu ihe m ga-eme osuu? Kedu ihe m ga-eme usuu? Agaghị m eme ihe ọ bụla. N'abali nile, abali nke fọdụrụ, Jizọs n'imem gbaputara nwanyi ahu. Ọ bụ oji ọkara gafee elekere iri nke abalị ọzọ ka nke ikpeazụ n'ime ha si n'ahụ ya pụọ, Mmụọ nke Onyenwe anyị biara ọ wee gbaa egwú n'ime ụlọ niile - nnwere onwe!

Tupu nnapụta ya, ọ dị ka amoosu, ọ maghị na nwoke ahụ ọ lụrụ bụ nwoke gbara afọ iri isii na itoolu. Nwaanyị ahụ sịrị, "onye bụ nwoke a?" Asiri m na obu di gi. Ọ dị naanị afọ iri atọ na abụọ mgbe Chineke hapụrụ ya. Ọ sịrị, "Amaghị m Ya. Enweghị m ike iso ya." Ndị ezinaụlọ ya bi na Arizona. Anyị kpọrọ nwanyị ahụ tinye ya na ụgbọala bọs ziga ya Arizona.

Ihe a bụ otu n'ihe Chineke mere.

M'we nu oké olu ka ọ nādà n'elu-igwe, si, Ubu a ka ọ biaworo, bú nzọputa ahu, na ike ahu, na ala-eze Chineke-ayi, na ichi-isi nke Kraist-Ya: n'ihi na achudara onye ahu nke nēbo umu-nna-ayi ebubo, onye nēbo ha ebubo n'iru Chineke-ayi ehihie na abali. Nkpughe 12:10-11

Ka anyị nyochaa - Ngwá Agha Anyị

Agha ime mmụọ abụghị egwuregwu, ọ bụ ihe Chineke na-eme site n'aka anyị iji nyere ndị ọzọ aka ịmata Ya ma nwere onwe. Onyinye a Chineke nyere anyị bụ ka ndị mmadụ ghara iji oge ndụ ha niile na-ata ahụhụ na ndọrọ n'agha. E meghị ahụhụ

maka mmadụ, e meghị oku mmuo maka mmadụ - anyị ga-ahọrọ inwere onwe anyị n'ibi ebighebi n'ime ihụnanya Ya, Udo Ya na Ọ ọṅù Ya.

Anyị ekwesịghị ikwenye na onye iro na ahụhụ ndi n'ime anyị bụ maka anyị na ihe ojoo ahu gha aghaghi ime anyi. N'ụwa a anyị nwere mkpagbu mana Jizọs emeriela ụwa! Ndụ ebighi ebi nke Chineke malitere mgbe anyị rịọrọ Jizọs ka ọ bụrụ Onyenwe anyị na Onye Nzọpụta anyị.

Alaeze Ebighị Ebi ahụ malitere ito eto n'obi anyị. N'ime ala-eze a anyi nwere udo na ọ ọṅù - agbanyeghị onodu obula.

Mgbe Mmụọ Nsọ dọrọ Jizọs banye n'ala ịkpa ka ekwensu nwaa ya, ngwa agha kasịnụ Jizọs nwere bụ na Ọ maara Chineke ma maara Okwu Chineke. O jiri Okwu nke Chineke megide ekwensu ma Jizọs juru ime ihe megidere ọdịdị nke Chineke. Dika anyi matara Eziokwu, Eziokwu a na-eme ka anyi nwere onwe anyi.

Wepụta oge iji ịmata Chineke, mara eziokwu Ya, mata ụdị onye Ọ bụ - ịmara Ya.

Mgbe onye iro nke Chineke na onye iro nke nkpuru obi ayi biara - zoo n'ime Chineke ma rube isi n'iwu Ya. **Agha ahu bu nke Onye-nwe-ayi.**

NYOCHAA: AGHA IME MMỤỌ

I. Onyeisi nke usuu
  Mgbe Jizọs mere ya, oleekwa otú o si mee ya:
  • Kwadoo onwe ya maka Agha Ime Mmụọ na Luk 4?
  • Ilụ agha ime mmụọ?
  • Chụpụ ndị mmụọ ọjọọ?
  Ebee ka akwụkwọ nsọ kwuru banyere Ndi na-eso uzọ Ya na ndi ọzọ -
  chụpụ ndị mmụọ ọjọọ nke ọma ma achụpụghi?
  Kọwaa ihe mere
II. Onye Dike
  • Kọwaa agha ahụ.
  • Gịnị bụ ọgụ ahụ?
  • Gịnị bụ ihe mgbaru ọsọ anyị?
III. Onye Iro
  Ajụjụ Siri Ike Iche Echiche
  Iji ihe omuma nke di na mpagara a gịnị ka i chere na azịza ga-abụ?
  Ọ bụrụ na onye iro Chineke nwere ekike agha olee otú ọ ga-adị?

A zara Nke mbụ n'ime a maka gi.

Ekike agha nke Kraịst
Úkwù - Eziokwu
Ihe-agha nke nēḅochi obi - Ezi Omume
Ụkwụ - Nkwadebe nke Oziọma nke Udo
Ọta - Okwukwe
Okpu agha - Nzọpụta
Mma agha nke Mmụọ Nsọ - Okwu Chineke
Ihe Agha Nke Nēmegide Kraist
Gịnị bụ myirịta agha nke Nēmegide Kraist?
Úkwù - Aghugho
Ihe-agha nke nēḅochi obi -
Ụkwụ -
Ọta -
Okpu agha -
Mma agha nke Mmụọ Nsọ -
Kedu ka onye iro Chineke ga - esi jiri igodo ndị a dọọrọ mmadu n'agha?
Amamikpe
Mwere

IV. Onye a dọọrọ n'agha
Ajụjụ Siri Ike Iche Echiche
Iji ihe omuma nke di na mpagara a, kedu ka ị ga-esi aza ajụjụ ndị a?

Ụdọ ígwè Onye a dọọrọ n'agha
Enwere ike inwe omume, ihe riri mmadụ ahụ, ihe dị iche iche nke na-achịkwa ndụ anyị ebe anyị anaghị enwere onwe anyị. Kwuo ụzọ ise nke mmadụ nwere ike imeghe ụzọ onye iro Chineke ma nwee ike bụrụ onye a dọtara n'agha:
a)
b)

c)
d)
e)

Ajụjụ Mkparịta ụka achịkọtara ọnụ
Kedu otu esi eme ka ụdọ ígwè dị ike?
Gịnị mere ha ji nọrọ ebe ahụ?
Olee otú ha ga-esi ghara ịlọghachi?
Gini mere Jizọs ji si gaba ma emehiela ọzọ?

V. Ngwá Agha Anyị
Depụta ngwa ọgụ ise dị na Mpagara Ikụziri Aka m Ibu Agha nke Ime Mmụọ
a) Otite Mmanụ Chineke
b)
c)
d)
e)

Ajụjụ Siri Ike Iche Echiche:
Mgbe ị na-agụ ihe si na ederede "Atụkwala n'onwe gị" site na Rev. Agnes I. Numer, Kedu olileanya nke ahụ na-enye gị maka ahụmịhe agha ime mmụọ ị nwere ike izute ma ọ bụ kedu nghọta ọ nyere gị site n'ahụmahụ gara aga nke ị nwere n'ịlụ agha ime mmụọ?

AJỤJỤ: AGHA IME MMỤỌ

1. Agha ime mmụọ abụghị ihe anyị na-eme; obu ihe Chineke si n'aka anyi eme
   a. T
   b. F

2. AH! MAHỤ JOSHUA NA ONYEISI NKE ! SỤỤ NDỊ AGHA NA- akụziri anyị nke ahụ
   a. Anyị nwere ike izute mmụọ ozi n'oge ọ bụla
   b. Chineke adighiri anyi - anyi diri Ya
   c. ihe Ekwensu nwere ike iputa dika mo-ozi nke ihèJoshua's experience with the Captain of the Hosts teaches us that

3. CHINEKE NA-EKWE KA ! N! DỤ NDỊ TARA AKPỤ NA NDỤ anyị wusie anyị ike
   a. T
   b. F

. . .

4. Ndị "na-ebu am! ma, ndị na-ach! pụ ndị mmụọ ! jọọ ma na-arụ ọrụ dị ebube" ga-abụrịrị uche Chineke
   a. T
   b. F

5. N'agha ime mmụọ, anyị ga-elekwasị anya n'onye iro
   a. T
   b. F

6. Na agha ime mmụọ, ! n! nọ Chineke bụ igodo gị. Họrọ igodo ọzọ n'okpuru
   a. Ejila ka ewere ya n'odi otụa ghagarịa
   b. Lekwasị anya na ihe onye iro na-eme
   c. Na-arụsi ọrụ ike

7. Gbado anya na ihe Chukwu na - eme ma na - ekwu - ugbu a na:
   a. Gịnị bụ mkpa kasịnụ nke onye a?
   b. "Chineke kedu ka anyị kwesịrị isi kpee ekpere n'ọnọdụ a?"
   c. "Gịnị bụ ntụzịaka gị?"
   d. Nke niile dị n'elu

8. Anyị kwes! rị ! katọ onwe anyị ma ọ b! rụ na echiche na-adịghị asọpụrụ Chineke abata n'ime anyị n'oge agha

a. T
b. F

9. A na-alụ agha ime mmụọ site n'ike nke Jiz! s
a. T
b. F

10. Na agha, mgbe ị na-enwe mmet! ta nke mmụọ nke nkewa, anyị kwesịrị:
a. Kpee ekpere megide ya
b. Kwe ka ịhụnanya Chineke na-asọpụta maka onwe unu
c. Jụ inye ya ohere
d. Nke niile dị n'elu

11. Ekike agha niile nke Chineke g! nyere mgbe anyị yikwasịri Jizọs
a. T
b. F

12. Mmadụ nwetachaa mgbap! ta, ọ p! rụ ! dị ya ka ọ tọgbọ chakoo
a. T
b. F

13. Ngwá ! gụ ime mmụọ anyị nwere dị ike site n'aka Chineke. Ha nwere ike

a. Kwatuo ebe siri ike
b. Mee echiche efu
c. Weta echiche n'agha iji rubere Kraịst isi
d. Nke niile dị n'elu

14. Gịnị ka ! jụ p! tara?
a. Iji kwuo okwu nkatọ banyere mmadụ
b. Iji jụ, chegharịa ma ọ bụ pụọ
c. ịkpọ oku emeghe

15. Jiz! s meriri Ekwensu site n'adabaghị n'! nw! nwa
a. T
b. F

CHAPTER 5
ESEMOKWU MGBANWE

Ihe mgbaru ọsọ anyị nwere ike ịbụ karịa imeri esemokwu ma ọ bụ ịchọpụta onye ziri ezi na onye na-ezighi ezi. Ihe mgbaru ọsọ anyị kasịnụ bụ ikwere na Chineke na site na esemokwu ahụ, a ga-enwe "mgbanwe."

Nkọwa mgbanwe:
Mgbanwe dị egwu na nke na-emetụta ọha mmadụ na usoro mmekọrịta mmadụ na ibe ya, ọkachasị nke emere na nke ihe ike mberede na-esokarị.

Mgbanwe mberede, gabiga ókè, ma ọ bụ mgbanwe n'ụzọ mmadụ si ebi ndụ, ọrụ, echiche, ọtụtụ ndị ọzọ.

Esemokwu abụghịkarị ihe ọchị. Ha nwere ike iyi egwu iweta mgbanwe na-adịghị mma. Ha nwere ike ịbịaru na mberede na-atụghị anya ya.

Ha nwere ike ibute mmebi nke mmekọrịta ma ọ bụ na ha nwere ike iduga ngbanwe dị egwu na nke siri ike na mmekọrịta miri emi; nwekwuo nkwanye ugwu, ntụkwasị obi na nghọta. **Esemokwu nwere ike ịbụ ụzọ kachasị mfe iji gbanwee mgbanwe dị mma.** Atụla egwu esemokwu. Mụta na ọ bụ **otu anyị si akpa agwa ma zaghachi** nke nwere ike ibute ọgbaghara iji weta "Ntughari" dị ezigbo mkpa.

Họta esemokwu ọ bụla dị ka **ohere:**
- Ime ka mmekọrịta ahụ sikwuo ike.
- Iji ghọta ibe gị nke ọma, bịarukwuo nso ma mepee.
- Inweta nkwanye ùgwù.

Ndu mgbanwe dị mma n'oge esemokwu
- **Anyị nọ n'otu akụkụ.**

Nee omume na ngu **a agaghị akawa any**.

Mee ka ọ dịrị unu ka unu abụọ jikọọ ọnụ, na-eche nsogbu ahụ ihu.

Ịnọ ọdụ bụ ọnọdụ na-adịghị eyi egwu.

Nwee àgwà nke Obi Umeala

Olee otú m siworo kpata nsogbu ahụ? **Idị umeala n'obi nwere ike** ikweta na eso m buru nsogbu ahụ.

Idị umeala n'obi nwere ike ịsị, "**Ewela iwe, gbaghara m.**"

Họrọ Oge na Ebe I ga-ekwu okwu.

Ọ bụghị oge dị mma iji dozie esemokwu mgbe iwe na-ewe gị. Wepụta oge iji jụụ.

Họrọ ebe di nma. Ọ bụghị n'ihu ụmụaka ma ọ bụ ndị ọzọ na-adịghị mkpa itinye aka.

- **Enwere m uru maka mmekọrịta anyi.**

Wepụta oge kwupụta uru ọ bara maka mmekọrịta ahụ nakwa na ị nwere olile-anya maka ihe ga-edozi nsogbu ahụ.

Kedu nsogbu anyị na-achọ idozi?

Ọ bụrụ na unu abụọ kwekọrịtara ọnụ kọwaa nsogbu ahụ, unu nwere ohere idozi ya.

- **Kwupụta mmetụta gị n'ezie ma gee ntị na mmetụta ha na-enwe n'ezie.**

Che echiche ihe ha kwuru site na-asị, "Ka m lee ma ọ

bụrụ na m ghọtara, ị na-ekwu..... ma ọ bụ, ị na-enwe mmetụta...."

Chọọ nghọta n'ezie.
Anaghị ege ntị naanị n'okwu-ha, ma n'obi-ha.

Gee ntị nke ọma.
Ọtụtụ mgbe ọ bụrụ na ị ga-ege ntị nke ọma ị ga-enweta ohere ikwu okwu na ha ịnụ olu gị.
Mee ka ha mata na ị na-ege ntị site na asụsụ ahụ gị na nzaghachi gị.
Jiri nti na-ege ntị. "Anụla m; Echere m na m ghọtara ihe ị na-ekwu "etc.

Chọọ Ngwọta ọnụ.
Anyị onwere ike itụgharị anya na Okwu Chineke ọnụ maka azịza? O buru na akwanyere okwu Ya ugwu, O nwere aziza.

Ndị a bụ ụkpụrụ iri ga-enyere anyị aka ịzụlite mmekọrịta miri emi:
1. **Ọgwugwọ nke Oge Gara Aga.**
   a. Mgbe ihe mejọrọ anyị n'oge gara aga nke a na-agwabeghị ma mmadụ mee ihe nke "nwere mmetụta" yiri nke a, anyị nwere ike ịlaghachi nwetaghachi uche nke uche na ncheta nke nwere ike ime ka anyị webiga iwe oke. Ihe ncheta anyị nwere ike imetụta mmekọrịta anyị ugbu a ma ọ bụrụ na anyị agbagharaghị ma kwe ka Chineke jiri Mmụọ Ya agwọ anyị. Chineke nwere ike iji ọnọdụ dị ugbu a 'kpalite' nsogbu ochie. Ọ bụrụ na anyị mụ anya, nke a bụ oge dị mma iji merie ihe gara aga ma hapụ Ya ka ọ gwọ anyị.

2. **ỊH! NANYA CHINEKE, Ọ B! GHỊ ! H! NANYA MMADỤ..**

a. Ịhụnanya anyị mmadụ nwere ike ịga tere aka naanị. Ịhụnanya Chineke anaghị agwụ agwụ ma ọlị kwụsị. Ndị mmadụ chọrọ ịhụnanya Chineke n'ezie ọ bụghị ọmịiko anyị.

Mgbe ụfọdụ, anyị nwere ike isi ike mgbe ndị mmadụ chọrọ azịza siri ike ma sie ike ike mgbe ha chọrọ ịhụnanya na agbamume. Kwe ka Chineke hụnanya site na gị. Nke a na-amalite site n'ikwe ka ịhụnanya Chineke bata n'obi anyị. Anyị chọrọ mkpughe nke oke ịhụnanya ọ nwere anyị. Mmetụta nke ịjụ na ịhapụ anyị nke anyị anyi nwere ma na-atụkarị atụmatụ maka ndị ọzọ mgbe ọbụnadị eziokwu.

3. Nkwa bu ebighi ebi. Ha bụ nkwa na nkwegide.

a. Gaba n'ihu, **sepụta nkwa ochie agbamakwụkwọ gị**. Jiri nlezianya gụọ ha.

Mee ka onwe gi ghota na nkwa bu nkwekorita… "rue mgbe onwu rue ayi". Enwere nkasi obi dị otú a n'ịmara na anyị ga-arụkọ ọrụ ọnụ iji rụọ ọrụ a.

b. Alụkwaghịm abụghị nhọrọ. Ya adịla mgbe iweta okwu ahụ. Ekwela ka ọ dịrị n'okwu gị ma ọ bụ n'uche gị. Ejila ya mee ihe iyi egwu. Karịsịa mgbe ị kwenyere na Chineke jikọtara unu ọnụ, ị gaghị ekwe ka onye ọ bụla ma ọ bụ ihe ọ bụla dọwaa gị.

4. Ọnwụnwa bụ Nje n'ahụ́.

a. E nwere ihe ọjọọ na omume na ihe iri riri ahụ nke na-ebibi ihe dịka akịka na nje.

 i. Mgbe nje kpara arụ mmadụ n'ahụ, ọnweghị ihe ga-arụ ọrụ ọfụma. E nwere nnukwu ihe mgbu na ahụ na-arịa ọrịa. Otú ahụ ka ọ dịkwa n'alụmdi na nwunye.

 ii. **Nje n'ahụ́ na-egbu.** Ihe na-amalite obere nwere ike itolite ma weghara mmekọrịta ahụ niile ma weta mbibi ya ma ọ bụrụ na agwọghị ya nke ọma..

iii. Anyị ga-ekpochapụ omume na ahụ riri ahụ nke na-eyi egwu ibibi:
1. Kwuoro Chineke mmejọ gị.
2. **Chọọ onye gị na ya ga-aza ajụjụ.**
3. Tie mkpu ákwá nye Chineke ka ike ya nyere gị aka imeri.
4. Adala mba na nke mbu iji merie. Bilie ma gaa n'ihu na-aga n'ihu.
5. **Ije ije na Mgbaghara.**
   a. N'ebe Chineke nọ, anyị matara na **Ọ na-agbaghara mmehie**. Anyi kwesiri ijide n'aka na mgbe anyi biakwutere Ya jiri obi umeala kwuputa nmehie anyi na O gha nabata anyi, O gha agbaghara anyi ma hu anyi n'anya.
   b. Mgbe anyi jere ije na ihunanya, anyi n'aga n'ime mgbaghara. Anyị anaghị ekpebi oge ọbụla… "a ga m agbaghara n'oge a?" Jizọs kwuru rue ọgu ubò atọ na iri uzọ asa. Mgbe anyị jidere ihe wee gụọ ugboro ole… mgbe ahụ anyị anaghị aga na mgbaghara.
   c. Hapụrụ naani Chineke ịbọ ọbọ. Mgbe iwe na-ewe anyị, a na-anwa anyị iji okwu ọnụ anyị na omume anyị kpasuo ndị ọzọ iwe. Hapuru Chineke imegwara. Etinyela ya n'aka gị.
6. **Nsọpụrụ, Nkwanye ugwu, Ihụnanya Ijiri kpọrọ ihe.**
   a. Kọwaa okwu ndị a - Nsọpụrụ, Nkwanye ugwu, Ihụnanya Ijiri kpọrọ ihe
   b. Umụ nwoke kwesịrị ka a **na-akwanyere ha ùgwù na nsọpụrụ.**
   i. Mụta otu esi asọpụrụ.
   ii. Nwanyị na-eme ka ụmụ ya niile na-asọpụrụ ma ọ bụ enweghị nkwanye ùgwù nye nwoke ya.

iii. Ihe dị mkpa bụ otu esi ekwu okwu karịa ihe ị na-ekwu.
iv. Họrọ na-igaghị ekwu okwu ọjọọ banyere di ma ọ bụ nwunye gị n'ihu ọha ma ọ bụ nye ndị enyi gị. Wulite ha, sọpụrụ ha ma mee ka ha pụọ iche.
 a. **Umụ nwanyị kwesịrị ka a hụ ha n'anya**, jiri ha kpọrọ ihe ma na-edozi ya ahu. Lee ya anya dika ubi akuku nke nkwesiri igbanye mmiri ma lezi anya ka o we mia nkpuru.
  i. Nwanyị ọ bụla nụrụ, "Ahụrụ m gị n'anya" n'ụzọ dị iche.
  ii. Mụta ụzọ kacha mma ị ga-esi sị ya, "Ahụrụ m gị n'anya."
  iii. Mee ya ka odi iche.
  iv. **Na-ekwu okwu ọma banyere ya mgbe naanị gị nọ na n'ihu ọha.**
  v. Bụrụ onye nchepụta ihe. Eziokwu ahụ bụ na ị wepụtara oge iji chọpụta, nsogbu ịme ihe, yana nlekọta iji mee ya ka ọpụhọ iche pụtara ihe nke ukwuu.
 7. **Na-eje ije na idị umeala n'obi nye ibe gị.**
  a. Umụ nwoke, mụta ịsị, "Ewela iwe, emejọrọ m"
  b. Umụ nwanyị mụta ịsị, "agbaghara m gị" ma nabata arịrịọ mgbaghara ahụ. Hapụ ya ka ọ gaba. **Ewebatala ya ozo oge unu nye esemokwu ozo.**
 8. **Na-emeso ndị ọzọ dịka ha ga-adị ... Ọ bụghị otu ha nwere ike ịbụ taa.**
  a. Na-ele ndị ọzọ anya otú Chineke si ele ha. **Nke a na-ewe okwukwe** ... hụ ikike Ọ hụrụ.
  b. Ekwula ekwurekwu mgbe niile, hapụ Chineke ka ọ chịkwaa ndị ọzọ na-abụghị gị.
  c. Nwee ndidi mgbe Ọ na-arụ ọrụ. Chineke emechabeghị n'aru ha.

9. Nzaghachi site na Mmụọ nke Onyenwe anyị, emeghachina omume site na anụ ahụ.

a. Dika anyi n'amu ijeghari n'ime Mmụọ, **anyi agaghi emezu ochicho nke anu aru anyi.** E nwere oge ụfọdụ ọ ga-amasị anyi ịmeghachi omume ma "hapụ ha ka ha nwee ya" ma ọ bụ "gbapuo uzuoku" ma "nye ha ihe kwesiri ha". Ihe ndị a niile ga-abụ inyefe n'anụ-arụ anyị kama inye Mmụọ Ya ikike ịchịkwa ire anyị mmetụta uche anyị.

b. Mgbe anyi zaghachiri site na Mo Ya mgbe ahu O gha emeso ha n'onwe Ya.

c. Azịza dị nro na-eme ka ọnụma laghachi azụ; Ma ajọ azịza na-akpasu iwe.

10. Ihụnanya enweghị atụ.

Na-akparaghị Okwu oyiri: iji obi dum, erughị eru, echekwaghi, akparaghị ókè, egbochighi, enweghị ngwọta, enweghị mgbagha, ngụkọta, dum, jupụtara, zuru oke, zuru ezu, doro anya.

Ihụnanya na-enweghị atụ bụ ihe Chineke na-egosi anyị. Ọbụnadị mgbe anyị ka bụ ndị mmehie Kraist nwụrụ maka anyị. **Onye kwesiri nwụrụ maka ndi ekwesighi.** O leghị ọnọdụ anyị anya ka nke na-agaghị ekwe omume. O ruru site na-olile anya na Ọ nwere ike imetụ ma gbanwee ndụ anyị.

a. Mgbe anyị hụrụ mmadụ n'anya nke ukwuu, anyị ga-achọpụta na anyị agaghị emeli ya n'ike anyị. Ike inwe ịhụnanya n'enweghị ihe jikọrọ ya na-abịa naanị site n'ịghọta na anyị chọrọ ịhụnanya na-enweghị atụ. Mgbe anyi matara otu osi huru anyi n'anya anyi nwere ike ibido ihunanya dika O hururu anyi n'anya.

b. **A na-enye ịhụnanya na-enweghị atụ n'efu**, n'achọghị ihe ọ bụla. Nke a megidere ọdịdị anụ ahụ anyị.

c. Ike nke ịhụnanya na-enweghị atụ bụ na a na-enye ya n'efu. Ọ bụ nhọrọ iji hụ n'anya.

d. Udị ịhụnanya a **na-agbanwe ndụ mmadụ abụọ o metụtara.**
 e. Ọ na-ewe okwukwe inwe ịhụnanya na-enweghị atụ na Chineke ga-ahụ ma zaa. **Chineke ga-eweta mgbanwe ndị dị.**
 Mmekọrịta na-akwụghachi ụgwọ. Ndị mmadụ na-agbakwunye ọ ọṅụ na afọ ojuju na ndụ anyị. Ha nwere ike inye anyị nnukwu ọ obi ụtọ na mgbu. Mmekọrịta bụkwa ọrụ siri ike. Ọ na-ewe nkwekọrịta na amamihe. Chineke n'enye anyị Mọ Nsọ inyere anyị aka mgbe anyị chọkwuru amara.

You chetụla mgbe ụfọdụ mgbe ị kpere ekpere ka ịnwekwu ndidi na amara ma ọ bụrụ na O zigara ụfọdụ ndị mmadụ n'ime ndụ gị ka ha wee mepụta omume ọma ndị ahụ ị na-ekpe n'ekpere? Anyị enweghị ike ịhụ ndị ahụ n'anya ma ọ bụrụ na O enyereghị anyị aka. Ya mere, anyị ga-akpọku Ya. Mgbe Ọ na-agbakwụnyekwu ndidi, anyị nwere ike nwekwuo ndidi nye ndị niile gbara anyị gburugburu. Ozugbo O nyeworo anyị onyinye Ya, ha bụ nke anyị. Nke a bụ otu anyị si eto. Site na amara ruo amara..

2 Peter 1:5-7 Ma n'ihi otù ihe a n'akuku-unu tukwasinu inu-ọku-n'obi nile, nyezu-kwa-nu idi-nma n'okwukwe-unu; nyezu kwa ihe-ọmuma n'idi-nma-unu; 6 nyezu kwa ijisi-onwe-unu-ike n'ihe-ọmuma-unu; nyezu kwa ntachi-obi n'ijisi-onwe-unu-ike; nyezu kwa nsọpuru-Chineke nime ntachi-obi-unu; 7 nyezu kwa **ihuunanya umu-nna nime nsọpuru**-Chineke-unu; nyezu kwa ihu-n'anya nime **ihu-n'anya-**umu-nna-unu.

Chineke na eweputa agwa Ya n'ime anyi dika anyi na ahu ndi n'ama anyi aka.

Nke a bụ ọganihu si n'okwukwe, ka njide onwe onye, ka

obioma nke ụmụnna na n'ikpeazụ na ọrụ ebere ... nke bụ ịhụnanya na-enweghị atụ nke Chineke site n'aka anyị. Ọ kwuru na anyị ga-agbasi mbọ ike itinye àgwà Ya n'ime anyị. Biko nabata ọkpụkpọ òkù ka ị tolite n'àgwà Ya na amara ya site na esemokwu na ndị siri ike.

Ndụmọdụ maka ịgbagha n'ụzọ ziri ezi

1. Gbalịsie ike ka ị nwee oge zuru ezu iji kwurịta ihe na-esere gị.
2. Emeghachila omume. Zaghachi site na Mmụọ nke Onyenwe anyị.
3. Nọrọ ruo n'ókè. Jiri nkwanye ugwu gee ntị.
4. Awakpola àgwà onye nke ọzọ.
5. Ewetala ihe gara aga.
6. Esola onye iwe iwe na-arụ ụka, hapụ ha ka ha buru ụzọ jụọ oyi.
7. Ọ bụghị n'ihu ụmụaka, ọgbakọ ma ọ bụ ndị ọzọ.
8. Na-asọpụrụ mgbe niile.
9. Dozie mgbe niile ma emechaa.
10. Họrọ agha gị.
11. Ejila iwe lakpuo ụra.

Ọ bụrụ na anyị ga-ahapụ Ya, Chineke ga-enyere anyị aka ịgbanwe Esemokwu ọ bụla ka ọ bụrụ Mgbanwe na ndụ anyị na mmekọrịta anyị.

NYOCHAA: NTUGHARI ESEMOKWU

Ajụjụ Mkparịta ụka
  Kọwaa otu Chineke si arụ ọrụ site na mmekọrịta iji zụlite omume Ya n'ime anyị.
  Kọwaa esemokwu mgbanwe n'okwu nke aka gị.
  Kọwaa okwu anọ ndị a: Ihụnanya, Iji kpọrọ ihe, Nkwanye ùgwù na Nsọpụrụ.
  Kwuo ụzọ abụọ ị ga-esi egosi na ị na-asọpụrụ nwoke nke ga-abara ya uru.
  Kọwaa ụzọ abụọ ị pụrụ isi gosi nwanyị ịhụnanya nke nwere ike ịbara ya uru.
  Kọwaa otu mkpasu iwe nke oge gara aga nwere ike isi metụta taa. Kọọ banyere otu ahụmahụ ebe nke a mere gị.
  1. Kee Ìgwè abụọ dị iche iche ma na-emekọ ọnụ (ma ọ bụ ụzọ abụọ) na-asị, "Ewela iwe, emejọrọ m." N'ime ihe a aname n'Ìgwè, anyị ga-eme ka ụmụ nwoke ahụ "na-arịo arịrọ" mgbaghara ma ụmụ nwanyị ga-eji amara nara mgbaghara ahụ. Nke a nwere ike iru ala n'oge mbụ. Ọ bụ ya mere omumu ji dị mkpa. Ọ bụrụ na ị na-eme nke a naanị chọta

onye iga rio mgbaghara n'ubochi. Anyi niile na-emejo ndi ozo ya mere anyi nwee ike ichota mmadu.

2. Orụ onye ka ọ bu igbanwe ndi ọzọ anyi na ha di ná mma??

3. Gini bụ ọrụ anyi?

Nke a ga-abụ oge di mma iji chegharia maka iwere ọrụ Chineke

Nyocha

1. A na-akpọ mberede, oke mgbanwe n'uzo ndi mmadu si ebi ndụ, ọrụ, echiche:
   a. Ọgbaghara
   b. Ntughari
   c. Onye na-emebi ihe
   d. Omume idi umeala n'obi

2. ESEMOKWU NKE NYE NCHEKASỊ NWERE IKE ! BỤ ! ZỌ kachasị ọsọ maka mgbanwe di mma
   a. T
   b. F

3. ESEMOKWU NWERE IKE IDUGA NA MMEK! R! TA MIRI EMI karị, ntụkwasị obi
   a. T
   b. F

4. ESEMOKWU NWERE IKE B! RỤ OHERE:
   a. Nweta nkwanye ùgwù

b. Kwụọ ụgwọ ụlọ
c. Mee mmadu ka ọ kwụọ ụgwọ ha ji gị
d. Nke niile dị n'elu

5. Ọ Bụ! Rụ NA Ị N! RỌ OGOLOGO OGE N'IGE NTỊ Ị GAGHỊ
enwe ike ime ka ha ghọta gị
a. T
b. F

6. H! RỌ! KP! Rụ ATỌ GA - ENYERE GỊ AKA! Z! LITE
mmekọrịta miri emi karị
a. Kwe ka ọmịiko miri emi maka onye ahụ wakwasị gị n'obi
b. Kwe ka Chineke gwọọ gị pụọ n'okwu ndị gara aga na-ebute esemokwu ugbu a
c. Mụta ịhụ n'anya site n'ịhụnanya
d. Ghọta otu omume na ihe riri ahụ si emetụta mmekọrịta gị
e. Nọgide na-enwe mmetụta nke ịbụ onye a jụrụ ajụ na onye a hapụrụ
f. Nwere mwute maka onwe gị

7. N'AGBAMAKW! KWỌ IHE KACHASỊ MKPA BỤ:
a. Achịcha agbamakwụkwọ
b. Agba nke Uwe
c. Nkwa ndị i kwere
d. Udị ụkọchukwu na-ahụ maka agbamakwụkwọ ahụ

. . .

8. Mgbe anyị na-ejegharị na mgbaghara, anyị kwesị rị ikpebi oge ọ bụla ịgbaghara ma ọ bụ iju ịgbaghara.
   a. T
   b. F

9. Umụ nwanyị ga na-amị mkp! Rụ nke ! Ma ma ọ b! Rụ na ị na-azụ ha dị ka ogige a chọrọ ka enye ya mmiri ma lekọta
   a. T
   b. F

10. Nọgide na-ewelite ihe gara aga ruo mgbe ị ga-edozi ya.
    a. T
    b. F

11. Obi umeala na-emere ndị mmadụ otu ha si di taa.
    a. T
    b. F

12. H! Rọ okwu anọ k! Waa ! H! nanya na-enweghị atụ.

    a. Jiri obi dum
        b. Ele mmadụ anya n'ihu
        c. Ihe ekechila
        d. Akparaghị ókè
        e. Obi abụọ

f. Enyo
g. Achekwa

13. Ọ DỊ GHỊ MMA MA Ị LỊ IKWENYEGHỊ NA ỊRỤ ỤKA
    a. T
    b. F

14. HỊ RỌ ISI IHE ANỌ IJI RỊ RỊ TA Ị KA N'Ị ZỌ ZIRI EZI
    a. Na-ekwu okwu n'echeghị echiche
    b. Jiri nkwanye ugwu gee ntị
    c. Nọrọ ruo n'ókè. Ekwela ka a dọpụ gi uche
    d. Welite ihe mere n'oge gara aga
    e. Wakpoo ya
    f. Zaghachi, emeghachila
    g. Arụla ụka mgbe iwe
    h. Kpọọ ha aha ọjọọ

15. MGBE ANYỊ KWUWORO MA Ọ BỤ MEE IHE JỊ GBURU ONWE ya gịnị ka anyị kwesịrị ikwu?
    a. Ekwensu mere ka m mee ya
    b. Ị so na-onye kpatara ya
    c. Ọ dị m nwute, Enwetaghị m ya
    d. Ọnweghị nke ọ bụ

16. ONYE KA Ọ DỊ N'AKA Ị GBANWE ONYE ANYỊ NA YA DỊ ná mma?

a. Ya
b. Nke ya
c. Nke ha
d. Nke Chukwu

CHAPTER 6
NKE ENWEGHỊ AHA ỌMA

Ndi Filipai 2:8-24

8 ebe ahuru Ya ka Ọ di ka madu n'oyiyi-Ya, O wedakwara Onwe-ya, we buru Onye nāṅa nti rue ọnwu, bú ọnwu nke obe.

9 N'ihi nka Chineke welikwara Ya elu nke-uku, were kwa amara nye Ya aha ahu nke kariri aha nile ọ bula elu;

10 ka ọ gābu n'aha Jisus ka ikperè nile we ḅue n'ala, nke ihe nile di n'elu-igwe na ihe nile di n'elu uwa na ihe nile di n'okpuru ala,

11 ka ire nile ọ bula we kwuputa kwa na Jisus Kraist bu Onye-nwe-ayi, ka ewe nye Chineke, bú Nna, otuto.

12 Ya mere, ndi m'huru n'anya, dika unu ṅara nti mḅe nile, ọ bughi nání mḅe m'nọ n'etiti unu, kama uḅu a mḅe m'nānọghi, werenu egwu na ima-jijiji luputa kari nzọputa nke onwe-unu nke-uku;

13 n'ihi na ọ bu Chineke Onye nālusi ọlu ike nime unu ichọ-achọ-unu na ilusi-ọlu-ike-unu, n'ihi na ọ di Ya ezi nma.

14 Menu ihe nile nējighi ntamu na iru-uka ọ bula;

15 ka unu we ghọ ndi nādighi ita uta ndi nāghọghi kwa

aghughọ, umu Chineke ndi anāpughi ita uta n'etiti ọbọ
bagọrọ abagọ nke nēnwe kwa anya-uhie, ndi anāhu unu
n'etiti ha dika ndi nēnye ìhè n'uwa,
  16 nēche okwu nke ndu n'iru madu; ka m'we nwe ihe
inya isi nye n'ubọchi nke Kraist, na abaghi m ọsọ n'efu, na
adọbughkwam onwem n'ọlu n'efu
  17 E, ọ buru kwa na anāwusim dika àjà-ihe-ọṅuṅu n'elu
àjà na ifè-òfùfè nke okwukwe-unu, anamaṅuri ọṅu, so kwa
unu nile nāṅuri ọṅu:
  18 n'otù uzọ ahu unu onwe-unu, ṅuri-kwa-nu ọṅu,
sokwam nāṅuri ọṅu.
  19 Ma anamele anya nime Onye-nwe-ayi Jisus na
m'gēzigara unu Timọti ọsọsọ, ka mu onwem we nwe kwa
obi-utọ, mbe m'mara ọnọdu-unu.
  20 N'ihi na enweghi m onye ọ bula nke nkpuru-obi-ya
yiri nke ya, bú onye gēchebu onwe-ya bayere ọnọdu-unu
n'ezie. 21 N'ihi na ha nile nāchọ ihe nke aka ha, ọ bughi ihe
nke Jisus Kraist, 22 Ma unu mara ọnwunwa-ya, na, dika
nwa nēso nna-ya, otú a ka o sorom buru orù n'izisa ozi ọma.
  23 Ya mere, onye a ka m'nēle anya na m'gēziga ya n'otù
oge ahu, mbe ọ bula m'gāhu otú ọ gādirim:
  24 ma anamatukwasi obim nime Onye-nwe-ayi na mu
onwem gābia kwa ọsọsọ..

I. Ọ Narawo Udidi Mmadụ Rue Ebighị Ebi

Ka anyị leba anya na-mmalite nke amaokwu 5. "Nwenu
uche a nime onwe-unu, nke di kwa nime Kraist Jisus: Onye,
ọ bu ezie na Ọ diri n'udi nke Chineke na mbu, ma Ọ gughi
ya n'ihe O gējidesi ike, bú ira ka Chineke, kama O mere
Onwe-ya ihe-efu, n'inara udi nke orù, ewe me Ya n'oyiyi nke
madu; ebe ahuru Ya ka Ọ di ka madu n'oyiyi-Ya, O
wedakwara Onwe-ya, we buru Onye nāṅa nti rue ọnwu, bú

ọnwu nke obe. N'ihi nka Chineke welikwara Ya elu nkeuku, were kwa amara nye Ya aha ahu nke kariri aha nile ọ bula elu; ka ọ gābu n'aha Jisus ka ikperè nile we ḅue n'ala, nke ihe nile di n'elu-igwe na ihe nile di n'elu uwa na ihe nile di n'okpuru ala, ka ire nile ọ bula we kwuputa kwa na Jisus Kraist bu Onye-nwe-ayi, ka ewe nye Chineke, bú Nna, otuto."

Gịnị mere Ọ ji agwa anyị ihe a? N'amaokwu nke 3 Ọ naekwu, "unu emela ihe ọ bula n'uzọ ikpa-iche-iche ma-ọbu n'uzọ ichọ otuto efu..." 2 menu ka ọṅùm juputa, ka unu we tukwasi uche-unu n'otù ihe ahu, nwe kwa otù ihunanya ahu, nēnwekọ otù nkpuru-obi, nēnwe otù uche. "Nwenu uche a nime onwe-unu, nke di kwa nime Kraist Jisus :"

Ọ na-esitụrụ anyị ike ịbụ "enweghị aha" karịa otu ọ diri Jizọs.

Mgbe ụfọdụ anyị na-eche otu ahụ, kọ na-ọbụghị?

Jizọs bụ Ọkpara Chineke, nke ahụ na-emekwa ka o sikwuoro anyị ike... n'ihi na O weere ọdịdị mmadụ. Ihe oyiyi nke gịnị? "E mere ya n'oyiyi mmadụ."

Ma eleghị anya, ọ pụtaghị gị ihe ọ bụla na Jizọs họọrọ oyiyi mmadụ. Ọ pụtaghịkwara gị ihe ọ bụla Ọ kagbuo ihe niile dị n'eluigwe—ihe nile nke bu mpaghara nke odidi Ya n'eluigwe - O nyefere ya ka ọ dịrị ka ụmụ ntakịrị ndị a ji ụkwụ abụọ na-agagharị n'ụwa, ndị e chere na ha nwere ọgụgụ isi, ndị e chere na ha bụ ndị ukwu ... ma ha ka bu. Ha ka na-eche na ha ka Chineke, ha na-emekwa Chineke "enweghị aha."

Otu ụbọchị iwe were m nke ukwuu wee sị Onyenwe anyị, "Chukwu, gịnị kpatara na ị naghị egosi ụwa ochie a onye ị bụ? N'ihi gịnị? " Mgbe ahụ O nyere m Abụ Ọma nke 78 ebe O kwuru, "O we were ike-Ya nye ka adọta ya n'agha,

Were kwa ima-nma-Ya nye n'aka onye-nkpabụ." Abụ Ọma 78:61 Chineke anarabeghịkwa ebube ya niile n'aka onye iro ahụ. O kabatabeghị ike Ya n'elu ụwa a. **Ma Ọ ga-eme ya.** Ọ na-emegharị Onwe Ya ugbu a. Ihe ndị a na-ekwu ma na-eme megide Ya taa ...Ọ na-akwadebe ịkwanye Onwe Ya dịka nke nọ n'oké ụra na Ọ ga-akụ ndị iro Ya na "akụkụ mgbochi." Ma mgbe O mere, onwere ihe nke ga eme. Ọ ga-ewepụ ike ya na ndọrọ n'agha ma kpụrụ ebube ya n'aka ekwensu.

O were oyiyi mmadụ, were onwe Ya mee" ihe wee nke enweghi aha ọma," na, dị ka a hụrụ ya n'ọdịdị dịka mmadụ, O wedara onwe Ya ala. ị mara, odighi ezi mmadu nwere ike igbaputa mmadu. Enweghị Ọkpara Chineke pụrụ ịgbapụta ihe a kpọrọ mmadụ. Naanị Jizọs dị ka Nwa nke mmadụ nwere ike ịgbapụta mmadụ. Ihe ọ bụla ọ bụ tupu Ọ bịa n'ụwa, Ọ ọbughịkwa ọzọ... nihi na O were udi nke mmadu rue ebighebi, emere ya n'oyiyi mmadu. "...ma dịrị ka mmadụ, O wedara onwe ya ala wee rube isi ruo ọnwụ, ọbụnadị ọnwụ nke obe. "O meere onwe Ya aha na-enweghị aha, site n 'ọdịdị mmadụ - ọbụghị Ọkpara Chineke, kama Nwa nke mmadụ. Ọ dịghị mgbe ọ bụla, ya na Nna ahụ ga-enwe mmekọrịta ahụ mgbe Ọ hapụrụ elu-igwe ịbịa ụwa: Ọ dịrịrị mgbe ebighi ebi n'ọdịdị mmadụ.

II. Olee Otú Anyị Na-Agaghị Ekwere Na-Ákwá Ahụ Nke Jizọs A?

Olee otú anyị pụrụ isi? **OLEE OTÚ ANYỊ PỤRỤ AGAGHỊ EKWERE NA-OBE YA??** Kedụ ka anyị ga-esi ghara ịda mba nye mkpu akwa nke Onye-nwe, onye wedatara onwe ya ala? Ikekwe ị maghị ihe ọ ga-apụta.Ekwenyesiri m ike na amaghị m ihe ọ ga-apụta maka Onyenwenụ kachasị ndị nwenụ niile na Eze ndị eze wee bịa burụ onye a burụ ọnụ, onye ana-ekwujọ, na-akpagbu - ihe na-adịghị mma, ojoo ojoo niile - ma mesia ọ onwu nobe: nrube isi rue onwu maka mu na gi.

Echere m na anyị nwere akwara na-eche na anyị nwere ike ịgwa Chineke okwu n'ụzọ ọ bụla belụsọ na irubere Ya isi. Amaghị m otu anyị si eche na anyị nwere ike ịga n'ụzọ nke ụwa, ma kwenye na ụwa, mgbe Jizọs ekwenyeghị n'uwa. Olee otú anyị ga-esi mee ya? Anyị enweghị ike ime ya. Ọ bụ ezie na anyị chere na anyị ga-enweta ya, anyị enweghị ike ịnagide ya. N'ihi na Ọ biara dika "onye na-enweghị aha ọma" ka ọ dị ka mmadụ. O kwesiri imenye anyi ihere icheghari n'uzo ozo karia uzo Chineke.

Echetara m ụbọchị m nọdụrụ n 'ụlọ n'India. Otu nwa okorobịa jụrụ m ajụjụ: "Okpukpe ọ bụla dị mma, ọ́ bụghị ya? Ọ bụrụ na ị kwenyere na ya? " Na mberede, ihe dakwasịrị m. Onye-nwe-ayi welirim elu rue ala-eze ebighi-ebi: ọ diri tutu adighi, tutu e kee madu. Dịka m nọ na ala-eze ebighi-ebi, Anụrụ m mkparịta ụka dị n'etiti Chineke Nna na Ọkpara Ya, Jizọs. Ahụrụ m oke ịhụnanya nke Chineke nwere maka nke a nke kwadoro ka a ghara inwe aha ọma, kama o kwere ka ọ di ka madu - ka O we weputa ayi n'ikpé ekwubilari bayere agbụrụ madu, iji were anyị n'aka ekwensu ma gbapụtara Nna anyị.

Ahụrụ m ịhụnanya nke Nna ahụ nwere maka Ọkpara Ya dị oke ọnụ ahịa na ụgwọ nke Ọ ga-akwụ, ka ha malitere na-ekwu maka ihe Ọ ga-emere mmadụ a nke ha ga-eke, ebe omara nke oma na nwoke ahu ga a daa n'aka ekwensu ma ọ maa ya ikpe rue mgbe ebighi ebi. N'ịmara ihe ndị a niile, Chineke kere mmadụ maka obi ụtọ Ya.

Kedụ ka anyị ga-esi nwe obi abụọ n'abalị a ma tinye ụwa n'ịhe ụtọ anyị? Kedu ka anyị ga-esi jikọta onwe anyị na ihe nke ụwa ma chee na anyị na-eme ihe na - atọ Chineke ụtọ? Olee otú anyị ga-esi mee ya? Olee otú anyị nwere ike isi chee echiche banyere ihe ndị a? "Oo, i nwere ihe a; ị ga-enwe nke ahụ..."

Amaghị m ihe m gwara ndị nọ na tebụl ahụ ụbọchị ahụ, kama otu ihe m matara: A nọgom n'ihu Chineke Nke pụrụ ime ihe nile,

m nọkwa n'ihu Ọkpara Ya, amakwaara m otú obi Chineke si dị, marakwa ihe obi Jizọs bụ,

amatakwara m ụgwọ ole ha kpebiri ikwụ maka mmadụ n'ụwa nke Chukwu kere ha

ọbụna ụgwọ nke obe - ọbụna ụgwọ nke tọgbọ ndụ Ya ka ọ dị ka mmadụ. Okwesighi.

Chineke ekwesighi inwe anyi, kama O choro ndi mmadu ga-ahu Ya n'anya ma jeere Ya ozi obughi n'ihi na O nyere ha aka ka ha mee ya, obughi n'ihi na O tinyere onodu ndi mmadu na-agaghi eme, kama n'ihi na Okpara Ya huru anyi n'anya.

Chineke hụrụ anyị n'anya nke na O zitere Ọkpara Ya n'ụwa ka Ọ nwụọ n'ihi anyị. Jizọs hụkwara anyị n'anya nke ukwuu nke na O nyere ndụ Ya n'elu obe maka anyị.

Mgbe ahụ kedu ka anyị ga - esi dị ọnụ ala? Ọ dị ọnụ ala na anyị chere na anyị nwere ike imebi ya? Olee otú anyị ga-esi mee ya?

Na ihe nile O na-acho n'aka anyi bu iwere ndu a ma doo ya kpam kpam nye Ya. Ihe niile Ọ na-arịọ bụ ka anyị wepụta onwe anyị n'ihe niile ekwensu tụkwasịrị anyị, ka anyị jupụta n'ọ ṅụ ya, ịhụnanya Ya, udo Ya, na eziomume Ya. Kedụ ka anyị ga-esi hazie ya? Olee otu anyi puru isi gosi onwe anyi na ihe anyi na ekwu na ihe anyi na-eme? Olee otú anyị ga-esi mee ya? Anyị enweghị ike ịme ya... anyị enweghị ike ịme ya.

III. Gịnị Ma Ọ Bụrụ Na Jisọs Mebiri Nguzo?

Imebi nguzo ike bụ ihe jọgburu onwe ya n'anya Chineke. Ọ bụrụ na Jizọs esorowo ekwensu mee ihe n'ọzara ahụ, a garaghị enwe mgbapụta mmadụ. Onye ọ bụla n'ime anyị ga-aga ọkụ mmụọ. Anyị gaara aga ebe ahụ n'enweghi ntaramahụhụ ọ bụla site n'aka Onyenwe anyị, ọ bụrụ na Ọ gbanwere n'ọzara mgbe ekwensu na-anwa ime ka Ọ kweta na Ọ bụ Ọkpara Chineke.

Ọ bịaghị n'ụwa dị ka Ọkpara Chineke. O nworo n'ụdị nke mmadụ iji gbapụta mmadụ site na nguzo nke Ya dịka Nwa nke mmadụ. Ọ họọrọ ịbụ otu n'ime anyị. Ọ họọrọ ka a "ghara inwe aha ọma," ka O wee kpọta anyị n'ihu Chineke, ka O wepụrụ anyị ihe niile na-emegide Chineke; ka O we buru ayi ihe nile. Olee otu anyi puru isi soro Chineke jee nkera? Kedụ ka anyị ga - esi chee na anyị ga - enweta onwe anyị? **Agaghị anwa ya anwa. Agaghị anwa ya anwa.** Ụgwọ Ọ kwụrụ karịrị akarị.

Amaghi m oge ole m no na alaeze ebighi ebi. Oge adịghị ebe ahụ. Enwere naanị mgbe ebighi ebi. Ma, o nwere ihe mere m n'ebe ahụ. Ọ dị ka a ga-asị na Chineke kpọbatara m na mmalite nke oge mgbe O kere ụwa, ma tinye mmadụ n'elu ụwa. Anọ m na-ele ihe a niile na-eme, m na-ele ya ka ọ na-agbadata ruo oge Jizọs dị ka mmadụ - n'ọdịdị nke mmadụ. Otu ha siri nwaa igbu Ya ozigbo amuru Ya. Ndị Farisii na ndị Sadusii nwara igbu ya; ekwensu nwara igbu Ya n'ọzara. Mana O ji ike banye ebe ahu, were ike puta! Amin! Ike nke Mụọ Nsọ!

O meriri mgbapụta anyị n'elu obe, mana O meriri n'ọgụ

maka anyị ya na ekwensu lụrụ n'ọzara. Ọ lụrụ agha a dịka Nwa nke mmadụ, Ọ lụghị ya dị ka Ọkpara Chineke. Ekwensu nwara Jizọs ka o mee ka Ọkpara Chineke, ma Jizọs azaghị ya dị ka Ọkpara Chineke. Ọ maara na Ọ bịara dịka Nwa nke mmadụ, na Ọ ga-aga obe dị ka Nwa nke mmadụ, ọ bụghị dị ka Ọkpara Chineke. Ọ tọgbọrọ ya maka gị na mụ. **Ọ tọgbọrọ ya maka ụwa niile.** N'ọgbọ dum. Anọ m na-ele ihe na-emenụ: ihe niile mere Jizọs mana n'obe, na ọnwụ ya na mbilite n'ọnwụ ya. Ma mgbe mbilite n'ọnwụ Ya gasị, ọnọdụ ahụ gbanwere. Ihe mere na mbilite n'ọnwụ. Jizọs mezuru ihe Nna ahụ zitere ya ka o mee. Ọ bụ iji kpọghachite mmadụ niile na-abịakwute Nna site na ya, laghachikwute Chineke, na mgbaghara nke mmehie ha, ndụ ha gbanwere.

Mgbe o biliri na ndị nwụrụ anwụ, Akwụkwọ Nsọ kwuru na ndị nsọ so ya bilie. Ọ bụghị ya? Ị ma ihe mere ndị nsọ ahụ? **Ha nọ ebe ahụ na-eche gị na m ka anyi di nsọ!** Ha nọ ebe ahụ na-eche. Osuu nke na ọ nweghị mmadụ nwere ike ịgụta ha ebe na-eleda anya ebe a na-asị, "Gịnị kpatara na unu achọghị ikwe ka Chineke mee gị ihe Ọ chọrọ ka o meere gị? Ịna-egbu oge nke ọbịbịa nke Onyenwe anyị." Ha anaghị emere gị ebere. Ha na-enwe nsogbu n'ihi na ị na-ewe oge dị ukwuu! Ị naghị ekwe ka Chineke rụọ ọrụ O kwesịrị ịrụ, ka Jizọs nwere ike ịbịa ọzọ. Otu Jizọs a nwụrụ n'obe wee bilie ọzọ. Jizọs a na-agbaghara anyị mmehie anyị. Jizọs a na-abịa ọzọ. Nke a bụ ihe Ọ na-ekwu: "Ya mere, Chineke bulikwara Ya elu nke ukwuu, nyekwa Ya aha, nke dị elu karịa aha niile: Na ikpere nile gākpọ isi ala n'aha Jizọs, ihe nke di n'elu-igwe, na ihe di n'uwa, na ihe n'okpuru ụwa; Na ire ọ bula kwesiri ikwuputa na Jizọs Kraist bu Onye-nwe-ayi, ka ewe nye Chineke nke Nna otuto. Amin.

IV. Ikperè Nile Ge Ḅue N'ala

Gịnị ka ọ bụụrụ anyị, ịkwụ ụgwọ a ka anyị nwee ike iguzo n'ihu ya **ka o wee mee anyị otu ọ dị?** Gini kpatara anyi ji emebi okwukwe? Gini mere anyi ji ekwe ka ihe nke uwa a, na ekwensu, na ndi mmadu, na ihe ndi gbochiri anyi ibanye n'ime ebe ahu n'ime Ya ebe anyi puru ima na o bu Kraist n'ime anyi? Anyị nwere ike ịmata na ịhụnanya a na-agbanwe ndụ anyị.

Otu obi ahu nke Jizọs nwere, nke O n'enye anyi - ka anyi wee mee uche Nna, site n'aka Jizọs Kraist, onye nwuru n'ihi anyi. O bilitere ọzọ, ọ dịghị mkpa ma ha kwenyere ya ma ọ bụ na ha ekwenyeghi. O nweghị ihe o mere ma ọ bụrụ na ha bụ ndị ajọ omume ma ọ bụ na ha abụghị ndị ajọ omume. Ọ baghị uru ebe ha kwụ n'ihu Chineke n'abalị a. Ọ dịghị mkpa. "Ikperè nile we bue n'ala, ire nile ọ bula we kwuputa kwa na Jizọs Kraist bu Onye-nwe-ayi." Ha ga-eme ya, ma ha nwere ike ime ya na iwe ha ma ọ bụ ịkpọasị ha, ma ọ bụ na mbibi zuru oke nke mkpụrụ obi ha, mana ha ga-eme ya.

Ma ọ masịrị ya ma ọ bụ na ọ masịghị..

Ubọchị na-abịa, ha ga-ekwupụta ya. Echeghị m na ọ di anya, n'ihi na Onyenwe anyị kwụrụ ụgwọ ka anyị jupụta na njupụta nke Chineke - ozuzu oke nke Chineke. Jizọs kwụrụ ụgwọ ka anyị wee nwee ike iguzo n'iru Ya n'ime Ubọchị ikpe - were guzo n'ihu Ya n'atụghị egwu. Ọ bụghị atụghị egwu anyị, kama n'ịdị umeala n'obi eziokwu nke Jizọs Kraịst. Guzo n'ebe ahu n'umeala obi, n'iru Ọkpara Chineke, ka anyi we di ka odi Ya.

V. Gịnị Ka Ọ Pụtara Nye Jizọs?

I nwere ike iche banyere ihe ọ ga-apụta nye Jisọs, mgbe Ọ hụrụ igwe mmadụ ahụ nke ghọworo dịka Ọ dị? Ọ ga-eweta alaeze ahụ n'ihu Nna ya. Alaeze a nke Ekwensu wepụrụ n'aka Chineke, ọ na-eche na ọ na-emeri ha niile.

Mba, ọ bụghị, n'ihi na otu ụbọchị, Onyenwe anyị Jizọs ga-asị, "soro m. Achọrọ m ka ị soro m ka m na-eweta alaeze nke ụwa a." **Alaeze nke Jizọs wetara n'ụwa a.** Ọ bụghị alaeze ụwa. "Bịanụ, oge eruola ka m weta ya n'ihu Nna." Gịnị ka i chere Nna ahụ ga-eme mgbe Ọ na-ele anyị anya ma hụ Jizọs? Ọ naghị ahụ anyị, Ọ na-ahụ Jizọs. Nke ahụ bụ ihe Ọ na-ele anya ugbu a, Ọ hụkwara ka Jizọs na-akpụzi ma na-kpụgharịa ndụ anyị ka O wee nwee ike ịsị, "Bịanụ, ezinụlọ, achọrọ m inyefe unu Nna m." Jizọs ghọrọ Nwa nke mmadụ n'enweghị aha, ka anyị wee bụrụ ụmụ Chineke - ka anyị nwee ike isonyere Ya.

Kedụ ka anyị si enwe akwara ozi? Kedu ka anyị si eche na anyị nwere akwara iji mee Jizọs ihe a? Kedụ ka anyị nwere akwara iji hapụ ndụ anyị ka anyị mebie ma jiri ọkara jupụta na-ekwensu na ọkara juputara na onwe anyị, kama inye Jizọs ha niile, ma kwe ka Jizọs pụta n'ime anyị? Echere m na ọ dị anyị mkpa ịtụle ya ma hụ ebe anyị guzoro n'ime Ya, n'ihi na Ọ chọrọ ka anyị guzoro na njupụta nke Nna.

Iji mee nke ahụ, asụsụ ọ bụla aghaghi ikwupụta na Jizọs Kraịst bụ Onyenwe anyị, iji wetara Chineke Nna otuto. Enwere m olileanya na taa ozi a na-akpali obi gị dịka nke a na-emetụbeghị na ndụ gị niile, ọ ga - eme ka ị tụgharịa wee bụrụ "onye a na - enweghị aha," dịka Jizọs. Na you g'amata na Jizọs mere ya maka anyi, ka anyi nwe ike ikpọ isiala nye Ya, ma nye Ya otuto. Nye Ya otuto maka obere ihe ọ bụla Ọ nyere anyị. Ihe olile anya obula, ihe obula ayi nwere, Onyenwe-ayi enyewo ayi. Ka anyị maa onwe anyị jijiji site na ihe ndị ọzọ a..

VI. Ihe niile Ọ na-arịọ bụ Ka Anyị Nye Ya Onwe Anyị Niile

Amaara m otu nwa okorobịa nke si n'ihe Chineke

nweburu ya pụọ. Kedụ ka mmadụ ga-esi pụọ, ebe Chukwu mere ọtụtụ ihe na ndụ ya? Anyị na ndị mmadụ nwere ike igwu egwuregwu, ma anyị na Chineke adịghị egwu egwuregwu. Jesus kwụrụ ihe niile… iji nye anyị ihe niile Nna nwere maka anyị. Ọ bụ nke anyị taa na ihe niile Ọ na-arịọ bụ ka anyị nye Ya ihe anyị niile ma Ọ were ya ma Ọ ga-enye anyị ihe niile anyị. Ọ kwụọlarịrị ụgwọ ahụ maka anyị, ka anyị nwee ike iguzo n'ihu Ya n'atụghị egwu ma mara na O meela anyị otu ọ dị, site n'ọbara Ya dị oke ọnụ ahịa, na n'aha Ya dị ike. Ọ gbanweela ndụ anyị.

Chineke na-asi, "nyefere ha niile n'aka Jizọs." ị ga-ezute ozi a n'okporo ụzọ n'ebe ụzọ. I nuru ya ma Chineke ga-ejide gị. ị ga-ezute ya n'okporo ụzọ. Ana m agba gị ume ka ị zute ya tupu ikpe abịa. Enwere m olileanya na ị kpebiri taa ịhapụ Jizọs ka ọ bụrụ ihe niile n'ime gị. Enwere m olile anya na ị tọgbọ ihe niile n'ụkwụ Jizọs, ka Ọ bụrụkwara gị Onyenwenụ kachasị ndị nwenụ niile na Eze ndị eze. Toonụ aha Ya.

"... n'ihi na ọ bu Chineke Onye nālusi ọlu ike nime unu ichọ-achọ-unu na ilusi-ọlu-ike-unu, n'ihi na ọ di Ya ezi nma... ka unu we ghọ ndi nādighi ita uta ndi nāghọghi kwa aghughọ, umu Chineke ndi anāpughi ita uta n'etiti ọbọ bagọrọ abagọ nke nēnwe kwa anya-uhie, ndi anāhu unu n'etiti ha dika ndi nēnye ihè n'uwa, nēche okwu nke ndu n'iru madu; ka m'we nwe ihe inya isi nye n'ubọchi nke Kraist, na abaghi m ọsọ n'efu, na adọbughkwam onwem n'ọlu n'efu." Ndi Filipai 2:13, 15, 16

Ekpere Mmechi

Nna, anyi ekele Gi. Jesus, anyị na-ekele Gị na ị ghọrọ "onye a na-enweghị aha" dị ka mmadụ. Ma Onye-nwe-anyị, anyị na-eche otu ị ga-esi nwụọ maka ndị dị otu a. Chineke,

Naanị I ga-asị na anyị "enweghị aha" ma e wezụga na Jizọs. Onye-nwe-ayi, n'abali a, me ka mọ-Gi puta nime ayi. Ka ezi ncheghari biakwute onye ọ bụla n'ime obi anyị, na ìhè a nke dị n'ime anyị ga-amụke karịa; ka anyi wee jee ije n'enweghi nmebi nguzo n'ime uwa a taa; ka ìhè wee na-amụke karịa ma karia rue rue ubọchi nke zuru okè. Anyi n'enye Gi otito. Anyị na-ekele Gị maka Okwu a. Anyi na ario Gi, Chukwu anyi, mee ka anyi mata n'enweghi nmebi nguzo n'ime Chukwu. Ọ bụ ihe niile n'ime ihe niile ma ọ bụ ọ bụghi ma ọlị. Taa, Onye-nwe-anyị Jizọs, gwaa obi anyị okwu banyere ihe niile anyị ji emebi nguzo. Anyi ario Gi, Jisos, ka iwere anyi, k'anyi hu onwe anyi dika I huru anyi, ka anyi wee guzo n'iru Gi, mee ka anyi nwere onwe anyi n'ime ihe Kraist nke agaekpughere n'ime anyi. Anyi na ekele Gi, Onyenwe anyi, maka okwu a. Anyị na-ekele Gị maka ntị ndị nụrụ ya na obi ndị natara ya, na, Onyenwe anyị, anyị na-enye gị otuto maka ya ugbu a, na ị ga-eme ka ọ mezuo. Na Aha Gị Dị ebube Ka anyị na-arịọ ya, na ebube Gị. Amin.

NYOCHAA: ENWEGHỊ AHA ỌMA

Eziokwu ka O Bu Ụgha

1. ___ Jizọs hapụrụ nanị otu ọkara nke ihe ọbu n'eluigwe ka o wee dịrị ka mmadụ.
2. ___ Jizọs anapubeghi ebube Ya nile n'aka onye iro.
3. ___ Ọkpara Chineke naanị ya nwere ike ịgbapụta mmadụ.
4. ___ Ugbu a, Jizọs na Nna ya nwere otu mmekọrịta dịka ọ di tupu Ya abịa n'ụwa.
5. ___ Anyị nwere ike ịga n'ụzọ nke ụwa.
6. ___ O kwesiri imenye anyi ihere iche banyere uzo ozo karia nke Chukwu.
7. ___ Chineke kere mmadu maka ọchichọ obi Ya n'agbanyeghi na O ma na mmadu ga-adaba n'aka ekwensu.
8. ___ Chineke choro ndi ga hu Ya n'anya ma jeere Ya ozi, obughi n'ihi na O kporo ha ime ya, ọbụghị n'ihi na O tinyere ọnọdụ nke ọ nweghị onye ga - agagharị, kama n'ihi na Ọkpara Ya hụrụ anyị n'anya.
9. ___ Jizọs meriri n'agha maka anyị n'obe.

10. ___ Jizọs mezuru ihe Nna zigara Ya ime na mbilite n'onwu.
11. ___ Ndi nso na eche gi na m ka anyi kwe ka Chukwu mee ihe O kwesiri ime n'ebe anyi no.
12. ___ Anyị enweghị ike inwe ụdị obi Jizọs nwere.
13. ___ ikperè nile we bue n'ala, nke ihe nile di n'elu-igwe na ihe nile di n'elu uwa na ihe nile di n'okpuru ala.
14. ___ Mgbe anyị ga-eguzo n'ihu Ya n'ụbọchị ikpe, ọ ga-abụ site na ịdị umeala n'obi eziokwu nke Jizọs Kraịst.
15. ___ Jizọs gaje igosi nna ya otutu ndi mmadu ndi di ka ya.
16. ___ Ọ ghọrọ Nwa nke mmadụ na enweghị aha, ka anyị wee bụrụ ụmụ Chukwu.
17. ___ Anyị na ndị mmadụ nwere ike igwuri egwu, mana anyị na Chineke anaghị egwu egwu.
18. ___ Ihe olile anya ọ bụla, ihe ọ bụla anyị nwere, Onyenwe anyị nyere anyị.
19. ___ Ihe niile ọ na-ariọ anyị bụ ka ewere ndụ a ma doo ya nsọ kpamkpam.
20. ___ Ozi a kwesiri ikpalie obi-ayi, me ka ayi chigharia ịghọ "ndị a na-enweghị aha" dị ka Jizọs.

CHAPTER 7
NDỊ ỌZỤZỤ ATỤRỤ NA ATỤRỤ

Ka anyị gaa n'Akwụkwọ Nsọ ka anyị hụ ihe anyị nwere ike ịmụ etu Chukwu chọrọ ka ndị ụkọchukwu na ndị isi ma ọ bụ ndị ọzụzụ atụrụ si akpa agwa nye atụrụ ya. Ka anyị gụọ Ezikiel 34. Okwu Jehova we ruem nti, si, 2 Nwa nke madu, bue amuma megide ndi-ọzùzù-aturu nāzù Israel, bue amuma, si ha, bú ndi-ọzùzù-aturu ahu, Otú a ka Onye-nwe-ayi Jehova siri: Ahuhu diri ndi-ọzùzù-aturu nāzù Israel ndi nọworo nāzù onwe-ha! ọ̀ bughi ìgwè ewu na aturu ka ndi-ọzùzù-aturu gāzù? 3 Abuba-ha ka unu nēri, aji-ha ka unu nēyi, anu nke mara abuba nime ha ka unu nēḅu; ma ìgwè ewu na aturu ka unu nāzùghi. 4 Unu emeghi ka ndi aru-ha nādighi ike di ike, unu agwọghi kwa nke nāria ọria, unu ekezighi kwa ọkpukpu ḅajiri aḅaji, unu eweghachighi kwa nke achufuru achufu, unu achọghi kwa nke furu efu; kama n'ike na nkpaḅu ka unu zọdaworo ha.

Gụọ amaokwu ndị a ma dejupụta oghere ndị dị na chaatị a

Ihe ndị ọzụzụ atụrụ ahụ na-eme	Ihe Ezigbo Ndị Ọzụzụ Atụrụ ga-eme

Mgbe ndị anyị na-elekọta ga-adaba na nkwenkwe ụgha, kpafuo, wee iwe ma ọ bụ kwụsị ụka anyị, anyị nwere ike ịta ha ụta ma ọ bụ kpọọ omume ha asị. Nke a abụghị ihe Chineke chọrọ n'ime Ezigbo Onye Ọzụzụ Atụrụ. Gụọ amaokwu nke ise ma kọwaa ihe ezigbo Onye Ọzụzụ Atụrụ na-eme ma atụrụ nke ha na-elekọta "furu efu."

5 Ha we basa, n'ihi na onye-ọzùzù-aturu anọgh: ha we ghọrọ anu ọhia nile ihe-oriri, we basa. 6 Ìgwè ewu na aturu nkem nākpafu n'ugwu nile, na n'elu ugwu ntà ọ bula di elu: ọ bu kwa n'elu uwa nile ka ìgwè ewu na aturu nkem basara: ọ dighi kwa onye nāju ajuju bayere ha, ọ dighi kwa onye nācho ha.

Gịnị ka Chineke kwuru n'amaokwu ndị na-esonụ na ya ga-eme gbasara ndị ọzụzụ atụrụ na-anaghị asọpụrụ onwe ha na ndị na-achọ naanị ọdịmma onwe ha?

----

7 N'IHI NKA, UNU NDI-! ZÙZÙ-ATURU, NURUNU OKWU Jehova: 8 Mu onwem nādi ndu, (ọ bu ihe si n'ọnu Onye-nwe-ayi Jehova puta), n'ezie n'ihi na ìgwè ewu na aturu

nkem ghọrọ ihe-nluta-n'agha, ìgwè ewu na aturu nkem ewe ghọrọ anu nile ihe-oriri, n'ihi na onye-ọzùzù-aturu adighi, na n'ihi na ndi-ọzùzù-aturum achọghi ìgwè ewu na aturu nkem, kama ndi-ọzùzù-aturu nāzù onwe-ha, ma ìgwè ewu na aturu nkem ka ha nāzùghi; 9 n'ihi nka, unu ndi-ọzùzù-aturu, nurunu okwu Jehova; 10 Otú a ka Onye-nwe-ayi Jehova siri: Le, Mu onwem nēmegide ndi-ọzùzù-aturu; M'gājuta kwa ìgwè ewu na aturu nkem n'aka-ha, me ka ha kwusi izù ìgwè ewu na aturu ahu; ndi-ọzùzù-aturu agaghi-azù kwa onwe-ha ọzọ; M'gānaputa kwa ìgwè ewu na aturu nkem n'ọnu-ha, ka ha we ghara ighọrọ ha ihe-oriri.

Rʜ ʙᴀ ᴀᴍᴀ ɴᴀ ᴇ ɴᴡᴇʀᴇ ᴍɢʙᴀɴᴡᴇ ᴀɢʜʜ ɢʜọ ɴ'ʜ ᴢọ ᴅị ɴ'ᴏᴋᴡᴜ. Kama Chineke na-ekwu maka "igwe aturu" o bidoro isi, "igwe Aturum."

11 N'ihi na otú a ka Onye-nwe-ayi Jehova siri: Le, Mu, ọbuná Mu onwem, M'gāchọ kwa ìgwè ewu na aturu nkem, chọputa ha. 12 Dika onye-ọzùzù-aturu si achọputa ìgwè aturu-ya, n'ubọchi ọ nọ n'etiti ìgwè ewu na aturu-ya nke ḅasara aḅasa, otú a ka M'gāchọputa ìgwè ewu na aturu nkem; M'gānaputa kwa ha n'ebe nile ha ḅasara n'ubọchi nke igwe-oji na oké ọchichiri.

Nke a bụ ihe Chineke, onye bụ Ezigbo Onye Ọzụzụ Atụrụ, kwere nkwa na Ọ ga-emere atụrụ ya.

13 M'gēme kwa ka ha si na ndi nile di iche iche puta, M'gāchikọputa kwa ha n'ala nile, me ka ha ba n'ala-ha; M'gāzù kwa ha n'ugwu nile nke Israel, na n'akuku ebe nile miri si erù, na n'ebe-obibi nile nke ala-ha. 14 Ezi ihe-ọzùzù-aturu ka M'gēji zù ha, ọ bu kwa n'ugwu nile nke ebe di elu

nke Israel ka ebe-ita-nri-ha gādi: n'ebe ahu ka ha gāmakpu n'ezi ebe-ita-nri, ọ bu kwa ihe-ọzùzù-aturu makarisiri nma ka ha gēji zù onwe-ha n'ugwu nile nke Israel. 15 Mu onwem gāzù ìgwè ewu na aturu nkem, Mu onwem gēme kwa ka ha makpue amakpu; ọ bu ihe si n'ọnu Onye-nwe-ayi Jehova puta. 16 "Nke furu efu ka M'gāchọ, ọ bu kwa nke achufuru achufu ka M'gēwelata, ọkpukpu aḅajiri aḅaji ka M'gēkezi kwa, nke aru-ya nādighi ike ka M'gēme kwa ka ọ di ike;

N'amaokwu ndị na-esonụ, e nwere ihe ndị ọzọ banyere nkwa ahụ nke na-ezo aka n'akụkụ Eze Devid mana n'ọbụ Jizọs bụ onye si n'agbụrụ Devid pụta.

23 "M'gēme kwa ka otù onye-ọzùzù-aturu biliere ha, ọ gāzù kwa ha, ọbuná orùm, bú Devid; ya onwe-ya gāzù ha, ya onwe-ya gābu-kwa-ra ha onye-ọzùzù-aturu. 24Mu onwem, bú Jehova, gābu-kwa-ra ha Chineke, orùm, bú Devid, gābu kwa onye-isi n'etiti ha; Mu onwem, bú Jehova, ekwuwo okwu.

Na Jon 10 Jizọs kwuru maka onwe ya, "**Abụ m Ezigbo Onye ọzụzụ atụrụ ahụ**... (Onye) nyere ndụ ya maka atụrụ." Ọ ga-abụ na ọ na-ekwu banyere Ezikiel 34, ebe ọ bụ na e nwere ọtụtụ ihe yiri ya. Mgbe Jizọs kwuru nke a, ndị isi okpukpe na-ege ntị were ezigbo iwe, ha tụtụrụ nkume iji gbuo Jizọs. Ikekwe ha maara akụkụ Akwụkwọ Nsọ ahụ dị na Ezikiel ma ghọta na Jizọs na-ezo aka na ha dị ka ndị ọzụzụ atụrụ na-adịghị echebara ndị ọzọ echiche. Chineke nọ na-akwado imezu nkwa a site n'aka Ọkpara ya.

7 Ya mere Jisus siri ha ọzọ, N'ezie, n'ezie, asim unu, Mu onwem bu ọnu-uzọ nke aturu. 8 Ka ha ra, bú ndi nile burum uzọ bia, ha bu ndi-ori na ndi nāpunara madu ihe: ma aturu ahu anughi olu-ha. 9 Mu onwem bu ọnu-uzọ ahu: ọ buru na

onye ọ bula esi na Mu ba, agāzọputa ya, ọ ganābata kwa nāpu kwa, nāhu kwa nri ọ gāta. 10 Onye-ori adighi-abia, maọbughi ka o we zue ori, bu kwa, la kwa ihe n'iyì: Mu onwem biara ka ha we nwe ndu, ka ha nwebiga kwa ya ókè. 11 Mu onwem bu onye-ọzùzù-aturu ọma: onye-ọzùzù-aturu ọma nātọbọ ndu-ya n'ihi aturu-ya. 12 Onye-ọlu egoro ego, nke nābughi kwa onye-ọzùzù-aturu, onye aturu nābughi nke aka ya, ọ nāhu agu ka ọ nābia, o we rapu aturu, balaga, agu we nwude ha, chusa kwa ha: 13 n'ihi na ọ bu onye-ọlu egoro ego, ọ kpọghi kwa aturu ahu ihe. 14 Mu onwem bu onyeọzùzù-aturu ọma; ama-kwa-ram aturu nkem, aturu nkem ma-kwa-ram, 15 dika Nnam maram, dika Mu onwem makwa-ra Nnam; anamatọbọ kwa ndum n'ihi aturum."

Jizọs mere ka o doo anya na **ọ bụghị naanị na ọ naekwu maka ụmụ Izrel** mgbe Ọ na-asi, "igwe atụrụ m." Ọ biara tọgbọrọ ndụ ya ka ndị mmadụ gburugburu ụwa nwee ike ịba "n'ogige atụrụ ya.".

Jon 10:16 Aturu ọzọ ka M'nwe-kwa-ra, ndi nēsiteghi n'ogige-aturu nka: aghaghim iduta kwa ndi ahu, ha gānu kwa olum; otù ìgwè-aturu gādi kwa, otù Onye-ọzùzù-aturu. 17N'ihi nka ka Nnam nāhum n'anya, n'ihi na Mu onwem nātọbọ ndum, ka M'we nara ya ọzọ. 18Ọ dighi onye ọ bula nānapum ya, kama Mu onwem nātọbọ ya n'Onwem. Enwerem ike itọbọ ya, enwe-kwa-ram ike inara ya ọzọ. Ihe a enyere n'iwu ka M'natara n'aka Nnam."

Jizọs kpọrọ ndị na-eso ụzọ ya nke ọ bụla nwere otu oku a, "Soronụ m" O wee sị, "**M ga - emekwa ka ị bụrụ ndị na - akụta mmadụ.**" Mgbe ọnwụ Jizọs gasịrị, mgbe ndị niile naeso ụzọ gbara ọsọ na Pita gọnahụrụ ya ugboro atọ, Jizọs hụrụ Pita. Ọ na-akụ azụ, ọ bụghị maka mmadụ, kama maka azụ - ha ejideghị ihe ọ bụla. Jizọs pụtara n'ihu ha wee maa Pita aka.

Gụọ Jọn 21: 15–17. Kwuo ihe Jizọs mara aka ma kpoo Pita ka o mee:

_____

_____

Nke a ọ̀ pụtara na a kpọrọ Pita ka Ọ bụrụ Onye Ọzụzụ Atụrụ? Ọ na Jizọs na-akpọ oku Iwu Ọzụzụ Atụrụ ọhụrụ? Chebara ajụjụ ndị a echiche mgbe ị na-agụ 1 Pita 5: 1-4. Cheta na ọ bụ Pita n'onwe ya na-ede akwụkwọ ozi a.

1 Pita 5:1 Ya mere, ariọm ndi-okenye nọ n'etiti unu, onye mu onwem bu okenye-ibe-unu, ya na onye-àmà nke ahuhu nile nke Kraist, abukwam onye-nnwekọ nke ebube ahu nke agaje ikpughe: 2 Nāzùnu ìgwè aturu ntà Chineke nke di n'etiti unu, nēlekọta ha anya, ọ bughi n'ihi na nkpà nākpa unu, kama site n'ọchichọ obi, dika Chineke chọrọ; ọ bughi kwa n'ihi urù nēweta ihere, kama n'ihi na unu di ọku n'obi; 3 ọ bughi kwa dika agāsi na unu nēme ndi bu ihe-nketa dika unu bu ndi-nwe-ha, kama nēme onwe-unu ihe-atù ìgwè aturu ntà ahu gēñomi. 4 Mḅe agēme kwa ka Onyeisi-ọzùzù-aturu puta ìhè, unu gānata okpu-eze nke ebube ahu, nke nādighi-atalata.

Pita na-akpọ ndị okenye n'etiti ha, "ndị okenye ibem." O welighị onwe ya elu karịa ha kama o buliri Kraịst elu dị ka Onyeisi Ọzụzụ Atụrụ na ha niile gụnyere ya n'okpuru "Ndị Ọzụzụ Atụrụ." Ndị Ọzụzụ Atụrụ nke "Ọhụrụ" ahụ nọ n'okpuru nduzi nke Kraịst. **Ọ bụ Atụrụ Ya** nke anyị n'elekọta. Jizọs nọ na-elekọta ndị ya n'aka ndị ọzụzụ atụrụ na-enweghị isi - ndị Farisii na iwu, na ido ha n'okpuru nlekọta nke ndị mmadu nke Mmụọ Nsọ na-enye ike ma na-edu.

Ka anyị gụọ Ọrụ Ndịozi 20:28

Ọrụ Ndịozi 20:28 Nēzenu onwe-unu na ìgwè aturu ntà nile, nke Mọ Nsọ mere unu ndi nēlekota ya anya n'etiti ya, ka unu nāzù nzukọ Chineke dika aturu, nke O ji ọbara nke Ya onwe-ya zutara Onwe-ya.

Pọl kpọrọ ndị okenye ahụ (PRESBUETROS) nke ụka ma **maa ha aka ka ha bụrụ ndị nlekọta** (EPISKOPOS) (See verse 17)

- Ha aghaghị 'ilezi anya' maka ìgwè atụrụ ahụ.
- **Mmụọ Nsọ bụ onye mere ka ha bụrụ ndị nlekọta** ọ bụghị Pọl. Akwụkwọ ozi Pọl mere ka anyị mara na Timoti, Taịtọs na Pọl họpụtara ndị isi na ụka ọ bụla ha guzobere wee mee ha ndị isi
- Ha ga-azụrụ ọgbakọ nke Jizọs bụ onye ji ọbara nke Ya kwụọ ụgwọ ya.
- Amaokwu nke 31 Ha kwesịrị "ịnọ na nche" n'ihi "ajọ anụ ọhịa wolf."
- Amaokwu nke 35 Pọl chetaara ha na Jizọs akụziworo ha, "Ọ dị ngọzi inye ihe karịa ịnara." Pọl weputara ndu nke ya dika ihe nlere anya nke oma siteotu o siri jiri aka nke ya jiri gboo mkpa nke aka ya. Ọ naraghị ha ihe ọ bụla.

Nduzi anyị, ịdị ka Kraịst, enweghị ike ịdị ka ndị ọzụzụ atụrụ na Ezikiel 34, ndị "ji ike na oke ike… chịrị ha." Ọ ga-abụrịrị ịhụnanya. Jizọs jụrụ Pita, sị, "ị hụrụ m n'anya?" Ọ jụrụ ya ugboro atọ dịka Pita gọnahụrụ ya ugboro atọ. Jizọs kwuru na ezigbo onye ọzụzụ atụrụ, "na-atọgbọ mkpụrụ ndu ya n'ihi atụrụ." Ụdị ịhụnanya a na-abịa naanị **site na Mmụọ Nsọ** site n'aka anyị. O nwere ike inye anyị ike iji ịhụnanya Ya hụ igwe-atụrụ Ya n'anya ma lekọta ha anya, chekwaa ha, nye ha nri, lekọta ha, chebe ha ma duru ha.

Onye Ọzụzụ Atụrụ Devid Abụ Ọma 23 na-ekwupụta obi ya n'ebe Onyenwe anyị nọ, Onye ọzụzụ atụrụ ọma ya. Onye

Ọzụzụ Atụrụ Devid Site na ọdụdọ na mmeri niile nke ndụ ya, Onyenwe anyi buru ya ezigbo onye ọzụzụ atụrụ. Nghọta ịhụnanya Chineke nwere n'ebe ọ nọ n'ọnọdụ ọ bụla mekwara ka Devid bụrụ ezigbo onye ọzụzụ atụrụ nye ndị ya mgbe ọ ghọrọ onye ndú mba ahụ. Ọ bụrụ na anyị ekwe ka Chineke hụ anyị n'anya ma na-azụ anyị dị ka atụrụ, anyị ga-amụtakwa ịbụ ndị ọzụzụ atụrụ na-ahụ n'anya.

Ka anyi guo Abùọma 23:
23 Jehova bu onye nāzùm dika aturu; ó dighi ihe kọrọm.

2 N'ebe-ita-nri nke ahihia ndu ka O nēme ka m'makpu: N'akuku miri nke izu-ike ka Ọ nedum nwayo.

3 Ọ nēweghachi nkpuru-obim:Ọ nēdum n'uzọ nile nke ezi omume n'ihi aha-Ya.

4 Ọzọ, asi na ejem ije na ndagwurugwu onyinyo ọnwu, M'gaghi-atu egwu ihe ọjọ ọ bula; n'ihi na Gi onwe-gi nọyerem: Ndele-Gi na nkpa-n'aka-Gi, ha onwe-ha nākasim obi.

5 I nēdo table n'usoro n'irum n'anya ndi nākpaḇum: I tewo isim manu; ikom bu inwebiga-ihe-ókè.

6 Nání idi-nma na ebere gāḇasom ubọchi nile nke ndum: M'gēbi kwa n'ulo Jehova rue ogologo ubọchi nile.

David dere "Abụ Ọma nke Onye Ọzụzụ Atụrụ" iji gosi anyị ihe Ezigbo Onye Ọzụzụ Atụrụ dị ka. Kpee ekpere ugbua ka Chukwu mejuputara gi na Mo ya ma mee gi **ezigbo Onye ozuzu aturu** nke igwe ya n'ihi na otu ubochi anyi nile geguzo n'iru Ya maka ihe anyi kwuru na ihe anyi mere na otu anyi siri lezie umu nna anyi ndia anya.

NYOCHAA: NDỊ ỌZỤZỤ ATỤRỤ NA ATỤRỤ

Ajụjụ Mkparịta ụka

N'okwu nke aka gị, kọwaa nkebi ahịrịokwu ndị a dị na 1 Pita 5, nke na-enyere anyị aka ịghọta ihe ezigbo Onye Ọzụzụ Atụrụ:
1. ọ bụghị ná mmanye, kama n'ọchịchọ obi
2. dị ka uche Chineke si dị
3. abụghị maka uru dị egwu
4. jiri ịnụ ọkụ n'obi
5. na-eme ka ọ bụghị new (ha)
6. bụrụ ihe atụ nye igwe-atụrụ
7. nata "okpueze ebube ahụ na-adịghị ada ada"

Ajụjụ Ntụleghachi
1. Na Ezikiel 34 Chineke si n'ọnụ onye amụma kwuo okwu banyere ndị ọzụzụ atụrụ na-anaghị efe atụrụ Chineke nke ọma. **Họrọ ụzọ isii** ịchọtara n'isiakwụkwọ a na ha anaghị eme nke ọma.
   a. Ha nọ na-enyeju onwe ha nri kama ịnọ na-azụ atụrụ
   b. Inweta Abụba pụọ n'isi atụrụ
   c. Yikwasị onwe ha Uwe ajị anụ

d. Chịkọta atụrụ
e. Enweghị nlekọta ndị ọrịa
f. Ichebe atụrụ
g. Adighi adọghachi azụ ndị gbasasiri
h. Jiri ndidi na-azụ atụrụ ha
i. Chọ uche Chukwu maka atụrụ
j. Iji ihe atụ ha na-eduga ha
k. Na-achị ha n'ike na oke ntaramahụhụ
l. Na-eje ozi ọgwugwọ ọrịa nye ndị nọ n'ahụhụ

2. Na Jọn 10:16 Jizọs kọwara na atụrụ bụ naanị ụmụ Izrel
   a. T
   b. F

3. Mgbe Jizọs zutere Pita n'ikpere mmiri mgbe ọ gọnahịrị ya, ọ jụrụ ya otu ajụjụ ugboro atọ
   a. Pita, "I hụrụ m n'anya?"
   b. Ị ga-akụta ndị mmadụ?
   c. Ị ga-edu ụka m??
   d. Ị ga-ere ihe niile ị nwere ma soro m?

4. Gịnị ka Jizọs gwara Pita ka o mee, ugboro atọ ọ na-esochi ajụjụ nke ọ bụla?
   a. Kpọkọtanụ ndị na-eso ụzọ m kwa ụbọchị
   b. Na-akụta ndị mmadụ n'ehihie
   c. Na-azụ atụrụ m

5. Na Pita ka emeputara usoro ọzùzù-atụrụ ọhụrụ nke dị ka Kraịst ma jiri ịhụnanya Ya hụ atụrụ nile n'anya.
   a. Eziokwu
   b. Ugha

6. Na-ele 1 Pita 5: 1-4 anya. **Họrọ ụzọ isii** Pita gbara ndị ndu ume ka ha duru "igwe atụrụ" ha
   a. ọ bụghị ná mmanye, kama n'ọchịchọ obi
   b. Na-achị ha n'ike
   c. Inweta Abụba pụọ n'isi atụrụ
   d. Dị ka uche Chineke si dị
   e. Ọ bụghị maka uru dị egwu
   f. Achụsasị atụrụ gị
   g. Mee ka ha mee ihe ị gaghị eme
   h. Jiri ịnụ ọkụ n'obi
   i. Ghara ịchị ha n'ike
   j. Dị ka ihe atụ nye ìgwè atụrụ ahụ
   k. Jiri oké njọ na-emeso ha ihe
   l. Nara okpueze ebube nke n'adighi achapu

7. Nkwa gịni ka anyị na-achọta na 1 Pita 5: 4 maka ndị ọzụzụ atụrụ na-ekwesị ntụkwasị obi bụ ndị na-agbaso ndụmọdụ ndị a?
   a. Nwee ụlọ ụka kachasị ukwuu n'obodo gị
   b. Ọganihu ụka dị oke egwu
   c. I ga-anata okpueze nke ebube mgbe ọ ga-apụta
   d. Ego gị ga-eto n'ụzọ ọrụ ebube

CHAPTER 8
OKWUKWE NA-ARỤ ỌRỤ SITE IHỤNANYA

Ekpere Mmeghe

Nna, anyi toro Gi. Anyi na-ekele Gi, n'ihi ọnụnọ gị nso Gi. Anyi na-ekele Gi, na I kwanyere anyi ugwu site na ọnụnọ gị. Anyi na-ekele Gi, na I kwanyere anyi ugwu Onyenwe anyi, ka anyi buru ndi oru Gi irubere Gi isi. Taa, Jizọs, gwa anyị okwu n'obi. Mee ka Okwu a doo anya n'ihu anyị ka anyị dee ya n'obi anyị ka anyị wee ghara imehie gị. Maka Okwu Dị Ndụ, daalụ Jizọs. Gozie ndị a Jizọs site n'ụba ngọzi gị. Oh, Chineke. I mara mkpa niile na ị bụ onye nwere ike igbo mkpa ndị ahụ. Anyi na ekene Gi Onye nwe anyi Jizọs. Nna, anyi n'ekele Gi maka Okwu Chukwu. Anyi na ekele Gi ugbua maka ihe I n'eme n'ime ndu anyi niile. Na-akwadebe anyị iziga Gị ebe ọ bụla ihọọrọ ka anyị jee. Anyi ekele Gi Jizọs. Anyi ekele Gi Jizọs. Onye nweayi, kwe ka okwu a buru ihe ichoro ka o buru n'ebe onye obula bido ma anyi bulie aha gi elu ma nye gi otito n'aha Jesus. Amen.

I. N'ihi na Anyị Site na Mmụọ Nsọ Na-echere Olileanya Ezi Omume Site n'okwukwe

Ka anyị sapeta ndị Galetia isi ise. Echere m na isiakwụkwọ a dị ezigbo mkpa nye ndụ anyị ọ bụla. Onyenwe gwara m okwu n'isi ụtụtụ gbasara ya.

1. Kraist mere ka ayi pua n'orù ka ayi we nwere onwe-ayi: ya mere nēguzosinu ike, unu ekwela ka ewere yoke nke bu ibu-orù jide unu ọzọ.

2. Le, mu onwem Pọl si unu, na, asi na unu ekwe ka ebì unu úgwù, Kraist agaghi-abara unu urù ọ bula.

3. Ma agwasim onye ọ bula ike, bú onye kwere ka ebì ya úgwù, na ọ bu onye ji ugwọ idebe iwu ahu dum.

4. Atọpuru unu n'aru Kraist, unu ndi nāchọ ka ewere iwu gua unu na ndi ezi omume; unu siri n'amara dapu.

5. N'ihi na ayi onwe-ayi ji Mọ Nsọ nēchesi ihe anēle anya ike, bú ezi omume, site n'okwukwe.

6. N'ihi na nime Kraist Jisus ọ dighi ike ọ bula obibì-úgwù ma-ọbu ebìghi-úgwù nwere; kama nke nwere ike bu okwukwe nke sitere n'aka ihu-n'anya alusi ọlu ike.

7. Unu nābarì ọsọ nke-ọma; ònye bochiri unu, ka unu ghara ikweyere ezi-okwu ahu?

8. Nkweye ahu emere ka unu kweye esiteghi n'Onye ahu Nke nākpọ unu.

9. Ihe-iko-achicha di ntà nēko obe utu ọka agwọrọ agwọ dum.

10. Mu onwem atukwasiwo obim n'ebe unu nọ nime Onye-nwe-ayi, na unu agaghi-atukwasi uche n'ihe ọ bula ọzọ: ma onye nēme ka obi lọ unu miri gēbu ikpé-ya, onye ọ bula.

11. Ma mu onwem, umu-nnam, ọ buru na anọm nēkwusa ibì-úgwù, gini mere anọ nēsobum? m'kwusa otú a, emewo ka ọnyà nka, bú obe, ghara idi irè.

12. Ọ gādim nọ̄ nma ma asi na ndi nēkpù unu iru gēme onwe-ha onozi.

13. N'ihi na unu onwe unu, umu-nnam, ka akpọrọ ka unu nwere onwe-unu; nání unu ewerela inwe-onwe-unu ahu nye ka ọ buru ihe anu-aru-unu gēji me ihe kama werenu ihunanya burita orù ibe-unu.

14. N'ihi na edebezuwo iwu nile n'otù okwu, bú nka; Hu onye-abata-obi-gi n'anya dika onwe-gi.

15. Ma ọ buru na unu atarita ibe-unu aru, ripia kwa ibe-unu, lezienu anya ka unu ghara ikpochapurita onwe-unu.

16. Ma asim, Nējegharinu site na Mọ Nsọ, unu agaghi-emezu kwa agu nke anu-aru maọli.

17. N'ihi na agu nāgu anu-aru megide Mọ Nsọ, agu nāgu kwa Mọ Nsọ megide anu-aru; n'ihi na ndia nēmegide onwe-ha; ka unu we ghara ime ihe ndia ọ bula unu nāchọ ime.

18. Ma ọ buru na Mọ Nsọ nēdu unu, unu anọghi n'okpuru iwu.

19. Ma ọlu nile nke anu-aru putara ìhè, nke di ka ndia, ikwa-iko, adighi-ọcha, agu ikwa-iko,

20. ikpere-arusi, igwọ-ńsí, ibu-iro, esem-okwu, ekworo, ọnuma, ikpa-iche-iche, nkewa, irọ-òtù,

21. ikpọ-asì, iṅubiga-manya-ókè, ite-egwú, na ihe yiri ihe ndia: nke m'buru uzọ gwa unu, dika m'buru uzọ gwa unu n'oge gara aga, na ndi nēme ihe di otú a agaghi-eketa ala-eze Chineke.

22. Ma nkpuru nke Mọ Nsọ bu ihu-n'anya, ọṅù, udo, ogologo-ntachi-obi; obi-ọma, idi-nma, ikwesi-ntukwasi-obi,

23. idi-nwayọ, imerū-ihe-n'ókè: ọ dighi iwu nēmegide ihe nile di otú a.

24. Ma ndi nke Kraist-ayi Jisus kpọgidere anu-aru-ha n'obe, ya na ọchichọ ọjọ nile na agu ihe ọjọ nile di ya.

25. Ọ buru na ayi di ndu site na Mọ Nsọ, ka ayi nāgazi kwa site na Mọ Nsọ.

26. Ka ayi ghara ighọ ndi nāchọ otuto efu, nāchọrita ibe-ayi okwu, nākpọrita ibe-ayi asì.

Ọ NA NKE A AB! GHỊ OKWU DỊ IKE?

"N'ihi na ayi onwe-ayi ji Mọ Nsọ nēchesi ihe anēle anya ike, bú ezi omume, site n'okwukwe." (Gal. 5:5) Emere ka ayi buru ndi ezi omume nime Kraist site n'ezi omume ya. Enwere otu obere okwu ebe a. I jidere ya?

Ihụnanya.

Mgbe ụfọdụ site n'otú anyị si emeso ibe anyị ihe anyi agaghị ama na anyị hụrụ ibe anyị n'anya. Ana m eto Onyenweanyị maka ịhụnanya nke Chukwu. Chineke na-agbanwe ndụ anyị n'ihi na anyị nwere ịhụnanya Ya, anyị nwekwara ọtụtụ ihe ka dị na ndụ anyị nke na-alụ ọgụ megide ịhụnanya Ya. Ọ na nke a abụghị eziokwu? Ya mere, gịnị ga-eme ebe a? Ihe kwesịrị igbanwe. Ihụnanya ya agaghị agbanwe ya mere anyị kwesịrị igbanwee. Anyị kwesịrị ikwe ka Ya gbanwee anyị. Ugbu a, amaara m dị ka mmadụ anyị na-enwe mmetụta ọsọ ọsọ. Ọ bụrụ na anyị nọ n'anụ ahụ, anyị ga-enwe mmetụta ọsọ ọsọ karịa, ma anyị na-achọ nsogbu, anyị na-ahụ ya. I chọta ya ọbụlagodi n'etiti ndị hụrụ gị n'anya n'ihi na anyị esiteghị n'oké ọhịa n'onwe anyị.

Ihe a Pọl na-ekwu doro nnọọ anya. Na mbu, enwere nani otu uzo nke ihunanya anyi si aru oru ma okwukwe ya na-aru oru n'ime anyi. Ọ na-ekwu maka "enweghị ọrụ", okwukwe anyị adịghị mma nye anyị. Ugbu a, enwere ọtụtụ "ọrụ" n'ụwa taa ma ha sitere na "okwukwe" mana ọ bụghị n'ezie site n'okwukwe. Ha na-akpọ ya okwukwe mana ha

na-ahazi ihe niile ma enweghị ohere maka Chineke ịhazi ihe
ọ bụla. Ha na-akpọ ọrụ ha "site n'okwukwe." Mana Chineke
nwere uzo site na Mo Ya nke O choro iduru anyi, obughi
n'okpuru iwu, kama site na amara.
Ugbu a, echere m na amara na-anabata, ọ bụghị ya? Ọ
dịghị ka iwu ahụ. Mgbe ụfọdụ anyị na-adị ka iwu ọ na bụghị
anyị ma anyị anaghị ehulata n'akụkụ ọ bụla?
Anyị nwere ụdị "nke a bụ etu ọ dị", ị maara? Ma amara
na-abịa, na-ekwu, "Ka anyị meere ya ebere." Mgbe ahụ, anyị
agaghị amụta na mmadụ niile nọ n'otu ọkwa mmụọ dịka
anyị nọ.
Ya mere, Chineke dị mma. Ọ naghị eji onwe anyị ma ọ
bụ ibe anyị atụ anyị. Ọ na-eji ìhè ya atụ anyị. Ọ nye wo gị ya
ka ị ga-agagharị na ya. E nwere ihe ụfọdụ anyị kwesịrị ime
ka anyị na Jizọs na-eje ije. O kwuru na ọ bụrụ na anyị bi na
mmụọ, mgbe ahụ anyị ga-eje ije na Mmụọ Nsọ na mgbe
ụfọdụ anụ ahụ anyị na-abanye n'ụzọ. Anyị na-enwe
mgbagwoju anya. Onye-nwe-ayi doro-anya ebe a, ihe nke
Mụọ na nke na-abụghị nke Mụọ. Ọ bụrụ na anyị gabiga
n'ókèala a na-esiteghị na Mmụọ Ya, anyị kwesịrị ịmata ya
ozugbo ma mee ihe maka ya.

O kwuru na ọ bụrụ na Mmụọ Nsọ na-edu anyị, anyị nọ
n'okpuru amara, anyị anọghị n'okpuru iwu. Anyị kwesịrị
icheta na anyị anọghị n'okpuru iwu. Ma eleghị anya,
nwanne anyị nwoke na nwanne anyị nwanyị anaghị ahụ ihe
otu anyị si ahụ ya ma cheta, ha anaghị eje ije n'ìhè gị, ha na-
eje ije n'ìhè Ya nke O nyere ha. Ugbu a cheta mgbe anyị
bịakwutere Jizọs, Ọ gbanwere ndụ anyị. Ọ na-akpọbata anyị
n'alaeze ya. N'ime Ya bụ ndụ na mgbe anyị kwere ka Ọ bata
n'ime ndụ anyị, ma a gbagharala anyị mmehie anyị mgbe
ahụ ihe na-eme n'ime anyị.

Anyị nọ n'alaeze ọhụrụ. Anyị anọghị n'okpuru iwu mana anyị nọ n'okpuru amara na amara bara ụba maka anyị. **Anyị ga-akpachara anya na anyị anaghị anwa ịdọpụ onye ọzọ otu anyị chọrọ ka ha gaa mana anyị na-eduzi ha na Kraịst.** N'ihina ọ bụ Kraist n'ime anyị bu olileanya nke ebube dị. Ọ bụghị otú mmadụ si eche banyere ya, ọ bụghị otu anyị si eche banyere ya, mana ọ bụ Jizọs n'ime anyị. Ọ bụ ya na-eweta mmụọ ya ma na-eme ka anyị jee ije na Mmụọ Ya. Mgbe anyị na-ejegharị na Mmụọ Ya okwu ahụ na-ekwu na anyị anaghị emezu ihe nke anụ ahụ. Anyị kwesịrị ịghọta na Ọ na-ekwu ihe abụọ. Ọ na-ekwu na ọrụ nke anụ ahụ bụ otu ihe ma mkpụrụ nke mmụọ nsọ bụ ịhụnanya. **Chineke na-agwa anyị, gapụnụ, dịka o siri dị mkpa ịhapụ ọrụ nile nke anụ arụ;** ga ogologo n'obe ka i wee gakwuru Jizọs. N'ime obi gị, ị ga-enwe mkpebi na ị ga-ekewapụ onwe gị na anụ ahụ. Igaghị ekwe ka anụ ahụ na-achị mana ị ga-aga n'ihu obe, ị ga-enye ya Jizọs ma kpebisie ike na ịchọrọ ịtọhapụ. Ugbu a O kwuru, "ejirila nnwere onwe ahụ mee ihe nke anụ ahụ" ma mgbe ụfọdụ anyị na - eme ya, mana Chineke ga - agwa anyị maka ya.

II. Iwu Nke Mmụọ Nke Ndụ N'ime Kraịst Jizọs

O kwuru na ọ bụrụ na Mmụọ Nsọ na-eduzi anyị, anyị nọ n'okpuru iwu ọhụrụ. Iwu ahu nke ayi nwere site na Mọ nke Chineke n'okpuru amara bu iwu nke Mọ nke ndu nime Kraist Jizọs. O meela ka anyị nwere onwe anyị n'iwu nke mmehie na ọnwụ. Ọtụtụ Ndị Kraịst ka nọ n'okpuru iwu nke mmehie na ọnwụ. Ha amaghi na enwere iwu ohuru nke na aru oru n'ime ha ma ha kwesiri ka ha kwe ka Jizọs lebara ihe ndi kwesiri ime anya. Anyị nwere iwu ọhụụ n'ime anyị, na iwu ahụ bụ iwu nke Mmụọ nke Ndụ n'ime Kraịst Jizọs. Ugbu a site na iwu a enwere mkpụrụ nke sitere na mmekọrịta ọhụrụ a anyị na Jizọs nwere. Mkpụrụ nke iwu nke ndụ bụ ịhụnanya Chineke, ọṅụ Chineke, udo Ya, ogologo ntachi obi ya, ịdị nwayọọ, ịdị mma, okwukwe, ịdị nwayọ, njide onwe onye, megide ihe ndị dị otú ahụ enweghị iwu.

Cheta na, enweghị iwu megidere ya. Enwere iwu megide ọrụ nke anụ arụ. Ọ bụrụ na anyị pụọ ebe ahụ na-arụ ọrụ nke anụ ahụ, anyị nwere ike ịdaba n'ụlọ mkpọrọ mana ọ bụghị iwu nke Mmụọ nke Ndụ. Anyị enwerela onwe anyị n'iwu nke mmehie na ọnwụ. Anyị anọghị n'okpuru iwu ahụ. Anyị anọghị ebe ahụ na-eme mmehie dịka ụwa na-eme mana anyị ga-echeta na e nwere ụzọ anyị ga-esi jee ije. Anyị ga-eje ije na mmụọ nsọ.

Enwere ihe Onyenwe anyi nkwesiri ime. Ọtụtụ nnapụta ga-abịakwute anyị, ọ na ọbụghi eziokwu? Anyị ga-enwere onwe anyị pụọ na iwu ochie nke mmehie na ọnwụ. Ugbua mgbe anyi mere baptizim n'ime mmiri; Akwụkwọ Nsọ kwuru na e liri nwoke ochie ahụ. Ọ na nke ahụ abụghị ihe na-atọ ụtọ?

Azụrụ m onye Nazaret ị lụso agadi nwoke ọgụ ụbọchị niile nke ndụ gị. Mana otu ubochi Onyenwe anyị gosiri m na o bughi eziokwu. O di ike otu O gosiri m. Anọ m na-eje ozi nke baptizim mmiri na mberede, Onyenwe anyị kpọbatara m na mpaghara nke m na-amaghi. Nzukọ ahụ were awa abụọ zuru ezu. Ọ kpọbatara m n'ili mmiri ahụ, o gosikwara m ihe ọ pụtara ịbụ onye e mere baptizim n'ime mmiri n'ime ọnwụ ya.

Anyị na-eburu agadi nwoke gaa ebe ahụ; anyị na-eli ya na ọ bụghịzị akụkụ nke anyị. Mgbe ahụ, anyị ghọtara na anyị bu ihe okike ọhụrụ, ihe okike ọhụrụ nwere ndụ ọhụrụ n'ime anyị na ihe ochie na-agabiga. E mezuru iwu ahụ mana amara na-eso anyị abịa. Dịka Onye-nwe nyere m ahụmịhe a, Ọ kpọduru m; Ọ napụrụ Ekwensu mkpịsị ugodi ahụ ma nye m ha. Ọ bụ oge dị egwu. Ebube na ọnụnọ nke Onye-nwe jupụtara n'ime ime ụlọ ebe Ọ malitere ikpughe okwu Ya dịka ọ dị, dị ka ọ dịịrị anyị taa.

Anyị ekwesịghị ịgba mgba megide nwoke ochie nke mmehie, anyị ga-ekpochapụ ya site na baptizim ime mmiri. Nye ya Jizọs na O lie ya n'ala n'ebe ahụ. I hụrụ, anyị enweghị ike ịnweta mgbaghara maka ya maka na anyị emeghị ya. Anyị nwere ike were agadi nwoke nke mmehie ahụ lie ya. Ọrụ dị mgbe ahụ bụ nke anyị, anyị enweghị ike ịta ya ụta nye agadi nwoke nke mmehie.

Mgbe emesịrị baptizim mmiri ma ọ bụrụ na enwere ihe di na ndụ anyị, anyị ga-echeta na anyị nwere ọrụ ịchụpụ ha ma kpochapụ ha. Nwoke ochie ahụ... na ọdịdị mmehie nwụrụ anwụ ma elie ya ka anyị ghara ịta ya ụta ọzọ. Ndị Kraịst na-ata ụdị mmehie ochie ahụ ụta ma ọ bụrụ na ha emee ihe adịghị mma mana ọ naghị arụ ọrụ n'ihi okwu ahụ na-ekwu na ọdịdị mmehie nwụrụ anwụ ma elie ya site na baptizim mmiri ma ugbu a ị ga-aza ajụjụ na ị ga-eguzo n'ihu Chineke.

III. Ọ Bụrụ Na Anyị Na-Eje Ije Na Mmụọ Mgbe Ahụ Anyị Na-Eje Ije N'ịhụnanya Ya

Chineke kwuru ebe a enwere m ije ọhụrụ maka gị, ọ bụ ije n'ime Mmụọ. Ọ bụrụ na ị na-ebi n'ime mmụọ, yabụ na ị ga-eje ije na Mmụọ. Gịnị na-eme ọtụtụ mmadụ? Ha aghọtaghị ihe Jizọs meere ha. Ha na-agaghari na-ebu ihe ndị a niile ma na-eche na ha kwesịrị n'ihi na agadi nwoke ahụ nọ ebe ahụ ma ọ dịghị ihe anyị nwere ike ime banyere ya. Mana nke a abụghị eziokwu, ọ nọghị ebe ahụ. Ya mere, anyi kwesiri iji aka anyi kpochapu ya. Ọ bụrụ na anyị nweta ụfọdụ hangovers nke ndụ ochie mgbe ahụ anyị ga-ebipụ ha ma kwuo "Onyenwe m, achọghị m ha Achọrọ m ije ije na Mmụọ, Achọrọ m ibi na Mmụọ, Achọrọ m ka Mmụọ nke Onyenwe anyị nwee ụzọ Ya n'ime m.

Ọ bụrụ na anyị na-eje ije na Mmụọ mgbe ahụ anyị na-eje ije n'ịhụnanya Ya n'ihi na mkpụrụ nke Mmụọ Ya bụ ịhụnanya. I mara mgbe ị bịakwutere Jizọs otu ịhụnanya zuru oke ji mmetụta gi? Nnukwu ịhụnanya ahụ dị ukwuu mgbe ị tụgharịrị ndụ gị nye Ya ma mgbe ahụ ọ ọṅụ Ya, na udo Ya ga-abịara gị. I nwere ndu ohuru. I buru onye ohuru n'ime Kraist Jizọs.

Mgbe ahụ, ka anyị hụ ngwa ngwa anyị nwere ike iwepu ọrụ nke anụ ahụ. Ndị mmadụ na-emehie ma eleghị anya ha anaghị agwa gị okwu otu ha kwesịrị ikwesị ma ha ga-aza Chineke maka ya, ọ bụghị gị. Ma ụzọ ị na-ewe ya? I ga-aza Chineke maka ya. Anyị ga-akpachara anya ka ihe ndị mmadụ mere na-emetụta anyị. Anyị niile bụ mmadụ na anyị niile na-amụ otu esi aga ije na Mmụọ. Anyị achọghị ka emerụ anyị site n'ọrụ mmadụ, anyị chọrọ inwere onwe anyị n'ịhụnanya nke Chukwu ma mata na Jizọs nyere gị ịhụnanya ahụ site na Mmụọ Nsọ ka ịhụnanya Ya dị ọcha wee na-asọpụta na ị nwere onwe gị. **Ihụnanya Chukwu bụ azịza ya.**

Mgbe ụfọdụ anyị na-arụsi ọrụ ike, anyị echefuọ na ihe okike na mmụọ ga-asọkọta ọnụ ma ọ bụ na anyị nwere nkwekọrịta, ọ bụghị ya? Kedu ihe bụ taa taa na ụwa nke Iso Ụzọ Kraist? Anyị nwere mmụọ nke mere na anyị chefuru eke. Chineke kwuru na anyị ga-eme ka mmụọ pụta ụwa nke mere na ihe anụ ahụ na-aghọ mmụọ na mmụọ bụrụ ihe sitere n'okike. Naanị mgbe ahụ, anyị ga - agakọ ọnụ na-enweghị ịlụ ọgụ megide ibe anyị. Anyị na-asọkọta ọnụ n'ihi na anyị nọ na Mmụọ nke Chineke. Ọzụzụ kachasị mkpa bụ ịkụziri anyị ka anyị na-asọ site na Mmụọ nke Chineke. Onye-nwe gwara m okwu a, "ọ bụrụ na ị gwa ha ka ha na-ekpe ekpere maka nri a na ndị na-enweta ya mgbe ahụ Chineke ga-esoro ha rụọ ọrụ. Ha ga-amata. Gaghị achọ ịrakpu ụra n'etiti ha n'ihi na ike na ọṅụ nke Chukwu ga-anọnyere gị. Ka ị na-ekpe ekpere maka ha ịhụnanya Chukwu na-gakwuru ha.

I ma na ọ bụrụ na mmadụ enweghị onye ga-ekpere ha ekpere, Chineke enweghị ike ịzọpụta ha? I maara ihe kpatara ya? N'ihi na a ghaghị ịrịọ Chineke ka ọ zọpụta ha. A ga-enwerịrị onye na-eche echiche banyere ha nke ga na-ekpe ekpere maka ha maka na Chineke agaghị apụ apụ ma manye onye ọ bụla ka ọ bịakwute Ya. Mmadu aghaghi ilebara anya nke oma ibu onye na-arịọchitere mmadụ arịrịọ nke ga-adọta ha n'ebe Chineke nọ.

IV. Chineke Na-akpọ Anyị Ka A Zụọ Anyị Site na Mmụọ Ya

Anyị na-ebi n'oge dị egwu. Anyị na-ebi n'oge mgbe nchịkọta nke mba dị iche iche na-abịa n'ihu Chineke. Anyị kwesịrị ikwesị ntụkwasị obi n'iwebata ozi ọma nke a nke alaeze nke Jizọs Kraịst nye mba nile nke ụwa. Enwere ụwa dị na Ikpe ụka di ichi iche, Alakụba, Okpukpe Hindu, Okpukpe Buda, Okpukpe ekweghị na Chineke dị, na ha amaghị Jizọs. Nke a bụ ụbọchị nke Onyenwe anyị na-awụpụ Mmụọ Ya. Nke a bụ ụbọchị Ọ na-azụ anyị ka anyị na-erughari site na Mmụọ Ya, na-emejupụta anyị n'ịhụnanya Ya n'ihi na ịhụnanya ahụ bụ ihe ga-agbanwe ndụ ndị mmadụ.

Chineke na-akpọ anyị ka a zụọ anyi site na Mmụọ nke mere na mgbe anyị na-aga ebe ahụ, ịhụnanya Chineke ga-adọta ha. **Udo nke Chineke, ọṅụ Ya, ezi omume Ya ga-dota ha nye Ya.. Uwa na-achọ ịhụnanya Chineke.** N'ụtụtụ a, ahụrụ m ụdị ịhụnanya ahụ nke ukwuu. Onye-nwe-anyị na-asị ka anyị biri n'ime Mmụọ ma jegharịa n'ime mmụọ. Gosipụta ịhụnanya Ya, udo Ya, ọṅụ ya, ogologo ntachi obi ya, ịdị nwayọ, ịdị mma na okwukwe, ịdị nwayọ, ọnọdụ obi. Nke a masịrị m nke ukwuu; ha enweghị ike ijide gị maka nke ahụ. Enweghị iwu megidere ya. Ha enweghị ike ịnara gị ya... ya mere jee ije na ya. O di ike nke ukwuu ihe Chukwu na-eme.

Anyị aghaghi ikwe ka ọ azụ anyi niile Site na Mọ nke Onye-nwe-ayi. Ngwa ngwa anyi kwere ka Chineke zụọ anyi na obere ihe, otu oge O gha enyere anyi nnukwu ọrụ ka anyị rụọ. Amaara m na anyị chere na anyị niile dị njikere ịpụ mana anyị adịbeghị njikere ugbu a. Anyị na-eche na anyị dị. Ikekwe anyị ga-egbutu poteto ole na ole, ma ọ bụ kpochaa ala ole na ole ma ọ bụ saa efere ole na ole. Ihe ọ bụla ọ bụ na Chineke na-azụ gị iji kwadebe gị, nke kachasị mkpa bụ ịwụfu ochie na ikwe ka ịhụnanya Chineke bata n'ime anyị. Anyị agaghị enwe anyaụfụ ma nweere ibe anyị anya, anyị agaghị ata arụ ma rie ibe anyị mana anyị ga-eje ije n'ịhụnanya Ya.

Ọ dịka ọ dị n'oge ọ bụla, anyị kwesịrị icheta na Jizọs hụrụ anyị n'anya. Mana ịhụnanya a nke Ọ na-enye anyị abụghị maka anyị.

Gịnị ka ọ bụ? Ọ bụrụ na anyị edebe ya, ọ dịghị mma nye anyị. Gịnị ka anyị ga-eme? Nye ya. Kedu ka anyị si enye ya? Site na ịga ụka na Sọnde? Mba. Naanị otu ụzọ bụ site n'obiọma ụmụnna. Ọ bụrụ na ị nwere nwanne nwoke nọ ná mkpa, ozi a bụ ezigbo ihe atụ nke ịhụnanya Chineke. Ugbu a, anyị emeghị ya, Chukwu mere ya.

Taa, oke ihe dị ike na-eme, anyị soo nwekwara ya. I soo nwere ya. Chineke akpọghị gị ebe a ka ị nọrọ ebe a. Ọ kpọrọ gị ime ihe ọbụla O kwesịrị ime, Ọ kpọrọ gị ka i mejupụta gị n'ịhụnanya na ọmịiko Ya, ịgbanwe ndụ anyị ka anyị nwee ike irute mkpa ndị ọzọ.

V. Anyị Nọ N'okpuru Iwu Ọhụrụ, Iwu Nke Ihụnanya Ya

Anyị nọ n'okpuru iwu ọhụụ, iwu nke ịhụnanya Ya - ndụ ọhụụ n'ime Kraịst Jizọs. Echere m na n'ụtụtụ a, anyị kwesịrị ijide ya. Mgbe ụfọdụ anyị na-ekechi onwe anyị n'ime onwe anyị nke na anyị ana-atụ uche ya. Chineke chọrọ ka anyị lewe anya gabiga onwe anyị. I mara na ekwensu gwara m otu oge, "Olee otu ị ga-esi jeere ndị mmadụ ozi, lee ndụ gị anya." Ekwuru m, "Amaara m nke ọma na ọdi otu a Ekwensu." M biliri n'etiti n'ala ụlọ m zọọ ụkwụ m na ya wee sị, Ekwensu, aga m erubere Onyenwe anyị isi, aga m ejere ndị mmadụ ozi, Chineke ga-elekọtakwa m! " Ọ naghị enye m nsogbu ọzọ maka ya n'ihi na otu ihe ọ maara nke ọma, m bu n'obi na ọ na-azụ ahịa na ọ gaghị akwụsị m. Ọ maara na m gaghị ege ya ntị. M wee guzo. Eguzoro m ọtọ ma kwue okwu niile banyere ya.

Ugbu a, anyị nwere ike ikpebisi ike ka Chineke zụọ anyị ka anyị site na Mmụọ Ya na n'ịhụnanya Ya wee weta ịhụnanya ahụ n'ụwa. Ọ bụghị otú anyị si dozie ya, ọ bụ otu anyị si ekwe Ya, Ọ ga-eme ya. Amin. Anyị nwere ike iji akparamaagwa ma ọ bụ amamihe anyị mana ọ gaghị arụ ọrụ. Nanị ụzọ nke ga-arụ ọrụ... bụ ịhụnanya Ya. **Ihụnanya Chineke ga-eme ya.**

Chineke aghaghi ime ka anyi zue oke na ihunanya ahu n'ihi na mgbe anyi ji obi anyi nile biakwute Ya ma anyi nye Ya ndu anyi dum, mgbe ahu ihe ga eme.

Anyị na-abịa n'okpuru iwu ọhụrụ. Otu ụbọchị, m na-ezi ihe ma otu mgbe amaokwu nke abụọ ahụ wụpụrụ ozugbo na m ahụtụbeghị ya dịka nke a.

1. Ya mere ụbụ a ọ dighi amam-ikpe ọ bula diri ndi nọ nime Kraist Jisus.

2. N'ihi na iwu nke Mọ nke ndu nime Kraist Jisus mere ka m'pua n'aka iwu nke nmehie na nke ọnwu, nwere onwem. (Ndi Rom 8:1-2)

Omere ka anyị nwere onwe anyị. Ọ malie biakute m, mgbe ọtụtụ afọ nke ịgụ okwu a ma o jide m. Asịrị m, "I meela Jizọs. Anyị anọghị n'okpuru iwu nke mmehie na ọnwụ anyị nọ n'okpuru iwu ọhụrụ nke Mmụọ nke ndụ n'ime Kraist Jizọs. "Ihụnanya Ya n'ebe anyị nọ ka anyị na-eje ije n'ime Mmụọ Nsọ, anyị na-emezu ihe nke mmụọ.

VI. Naanị Site N'obiọma Umụnna Ka Uwa Ga-Amata Ihụnanya Ya

Chineke nyere anyị ọtụtụ ihe na Ọ chọrọ ịkwado anyị, nke mere na anyị ga-eje ije n'eziokwu ahụ, bie n'eziokwu ahụ, rube isi n'eziokwu ahụ na eziokwu ga-atọhapụ anyị. **Ole ka anyị si chọ Ya?** Ole ka anyị si chọ ije ije site na Mmụọ?

Aga m atụ aro ka ị gụọ nke a taa ma ọ bụrụ na ịnwee nkeji. Kwe ka ọ banye n'ime gị.

Mgbe ahụ nweta mkpebi siri ike na ị gaghị aga ije n'anụ arụ mana ị ga-eje ije na Mmụọ ka Onyenwe anyị nwee ike iji gị jee ozi ịhụnanya Ya n'ebe ụwa dị. Ọ dị adị, ọ dị ike, dịkwa ebube. Anyi ga enye ihe anyi niile. Ọ bụrụ na anyị enye Ya ihe anyị niile, Ọ na-enyekwa anyị ihe Ya niile. Ọ dị anyị n'aka. Toonụ Chineke maka ịhụnanya Ya, maka onyinye dị ebube nke ịhụnanya ahụ nke anyị ga-enye ya, anyị kwesịrị ịkekọrịta ya. O bu ihe magburu onwe ya na ndokwa Chukwu mere anyi n'ime.

Enwere akụkụ Akwụkwọ Nsọ na II Pita nke na-agwa anyị banyere otu O si edozi ndụ anyị iji weta ịhụnanya Ya n'ime ndụ anyị. Nhazi ahụ na-eweta anyị n'ime nsọpụrụ Chineke, na mgbe nsọpụrụ Chineke, ọ na-eweta anyị n'ime obiọma ụmụnna, na mgbe obiọma nwanne, Ọ na-akpọbata anyị n'ịhụnanya Ya. Mgbanwe nke ndụ anyị. Asịrị m "Onyenwe anyị, gịnị kpatara eji akpọ obiọma ụmụnna ebe a?"

O kwuru, "Naanị site n'obiọma umụnna ka uwa ga-amata ihụnanya ya."

Aisaia 58 bụ ngosipụta nke alaeze Chineke na ịhụnanya Ya. Mgbe O nyere anyị mkpughe, ọ na-agbanwe ndụ anyị. Site na ngosipụta nke ịhụnanya Chineke, ụmụ nwoke na ụmụ nwanyị na-abịakwute Chineke. Ọ bụghị ihe anyị na-eme; ọ bụ ihe Ọ na-eme site na mgbanwe nke ndụ anyị. Ànyị dị njikere ịhapụ Ya ka ọ bụ na anyị ga-ekwe ka anụ ahụ anyị bilie ma gbochie? Ọ bụrụ na anyị ekwe ka anụ ahụ anyị nwụọ ma kwe ka Ọ gbanwee ndụ anyị n'ezie mgbe ahụ anyị ga-ahụ ụfọdụ ihe ịtụnanya ga-eme, ụfọdụ ihe anyị na-ahụtụbeghị na ndụ anyị niile.

Chineke na ekpughere ihe di ike n'oge awa a ka o gbanwee ndu nke igwe mmadu. Ha bụ ihe ndị dị mfe. Ha abughi ihe na-egbuke egbuke nke anyi ga eche. **Ha bụ ihe ndị anyị na-agaghị echetụ n'echiche na Chineke na-eji agbanwe ndụ.** Ihe ndi di nfe, okwu di nfe nke Onwere ikwu na ayi agaghi eche banyere ya, Chineke n'eweputa site n'aka ndi mmadu inwere onwe ha.

VII. Ọ Gēji Iti-Nkpu-Ọṅù Teghari Egwu Ọṅù N'aru Gi

Chineke dị ike ka anyị n'efe! Jehova, bú Chineke-gi, nọ

n'etiti gi, Ọ bu dike nke nāzọputa: O gēji ọṅù nwe obi-utọ n'aru gi, Ọ gedere du n'ihu-n'anya-Ya, Ọ gēji gini teghari egwu ọṅù n'aru gi? Iti-nkpu-ọṅù! (Zefanaia 3:17)
  I ga-achọ ka Onyenwe anyị bụoro gị abụ? O juru m anya mgbe m gụrụ akụkụ Akwụkwọ Nsọ ahụ wee sị "Chukwu, I na achọ ibụru m abụ?" Anyi na ekwu okwu banyere ibụru Ya abụ mana O chọrọ ibụru anyi abụ.
  Anọ m na-agabiga ahụmahụ, n'eziokwu, ana m anwụ n'ụlọọgwụ mgbe Onyenwe anyị nyere m akwụkwọ nsọ ahụ. Dika ndi dibia beke rapuru m, Onye-nwe-ayi nyerem akwukwo nso a. Odi egwu ma ima Chukwu n'abụrụ gi abụ. Ọ hụrụ gị n'anya nke ukwuu n'ihi na ị hụrụ Ya n'anya, n'ihi na ị na-erubere ya isi, Ọ chọrọ ịbụru gị abụ ma mee ka ị mara ụdị ịhụnanya ọ hụrụ gị. Ndi dibia beke hapuru m ma ekwensu biara inara m ndu m. Oge ọ bụla ọ bịara iwere ndụ m, Onyenwe anyị na-enye m akụkụ Akwụkwọ Nsọ ahụ. Jehova, bú Chineke-gi, nọ n'etiti gi, Ọ bu dike nke nāzọputa. O nyere m amaokwu ahụ niile ọ bụghị naanị akụkụ mbụ ya, kamakwa ya niile. Aghọtara m na O nwere ike n'ebe ekwensu nọ nakwa na ọ bụghị oge m ga-aga, O weghachitere ndụ n'ime ahụ m. Chineke chọrọ ka anyị bịaruo Ya nso ka O wee gosi anyị ịhụnanya Ya. Anyị erughị eru, **ma ọbughi ntozu nke anyị ka anyi jị aga n'iru, anyị na ga n'ịhụnanya ya**. Nke ahụ bụ ihe ùgwù anyị ikwe ka Onyenwe anyị mejupụta anyị n'ịhụnanya Ya..
  Closing Prayer
  Nna, anyi ekele Gi. Anyị na-ekele gị maka ịhụnanya gị, Jizọs. Anyị na-ekele Gị maka Mmụọ nke Chineke. Onyenwe-anyị anyị na-ekpe-ekpere na ọbụnadị taa I mee ka nghọta anyị mata ka anyị nwee ike ịbịarukwu nso ma kwe

ka I wepu ọrụ nile nke anụ arụ na ndụ anyị. Ka anyị wee bụrụ ìhè nye ndị ọzọ ka ha wee mara na ị hụrụ ha n'anya. Anyị na-ekele gị maka Okwu ahụ Dị Ndụ. Anyị na-ekele Gị maka okwu ederede.

Anyị na-ekele gị Jizọs maka na I tinyere ịhụnanya Gị n'ime anyị site na Mmụọ Gị ka anyị wee jee ije n'ime ya, biri n'ime ya, na-agagharị n'ime ya na Onyenwe anyị site na ịhụnanya Gị ndị ọzọ anapụtaworo gị. Anyi n'enye Gi otito. Onye nwe anyi mee ka ngozi Gi biakute onye obula n'ime anyi, mee ka anyi choo ka anyi juputa na ihunanya Gi, ọmịiko Gi, ịdị nwayọọ Gi na obi ọma Gi.

Anyi n'acho nke a n'aha Gi di ebube Jizọs na otuto Gi. Amin.

Ozi site Rev. Agnes I. Numer

NYOCHA: OKWUKWE NA-ARỤ ỌRỤ SITE IHỤNANYA

1. "Kraist mere ka ayi pua n'orù ka ayi we _____: ya mere nēguzosinu ike, unu ekwela ka ewere yoke nke bu ibu-orù jide unu ọzọ." (Ndi Galetia 5:1)
2. Emeela anyị _____ n'ime Kraịst.
3. Ya _____ agaghị agbanwe ka anyị wee gbanwee.
4. Chineke nwere ụzọ site na Mmụọ Ya na Ọ chọrọ iji duru anyị ọ bụghị n'okpuru _____ mana site na amara.
5. Mgbe anyị na-ejegharị na Mmụọ Ya okwu na-ekwu na anyị anaghị emezu ihe nke _____.
6. N'ime obi gị, ị ga-enwe _____ na ị ga-ekewapụ onwe gị na anụ ahụ.
7. Anyị nwere iwu ọhụụ n'ime anyị na iwu ahụ bụ iwu nke Mmụọ nke ndụ na _____.
8. Mgbe anyi bu _____ _____ Akwụkwọ Nsọ na-ekwu na eliwo"nwoke ochie ahu."
9. Anyi na-abia ohuru _____, ihe ohuru na ndu ohuru n'ime ayi ma ihe ochie agabiga wo.

10. Ọ bụrụ na ị na-ebi na mmụọ mgbe ahụ
_____ na mmụọ.
11. Chukwu kwuru, anyị ga-eme ka mmụọ pụta ụwa ma mee ka uwa pụta n'ime _____.
12. Ihụnanya Chineke bụ ihe ga - _____ ndụ ndị mmadụ.
13. O bu ya bu _____ anyi n'agba site na mmụọ ya.

Eziokwu ka obu Asi

14. ___ Ihụnanya nke Chineke na-enye anyị bụ maka naanị anyị.
15. ___ Chukwu choro ka anyi lee anya karie onwe anyi.
16. ___ Dika anyi n'aga n'anu aru, anyi n'emezu ihe nke mmuo.
17. _____ bụ ngosipụta nke alaeze Chineke na ịhụnanya Ya.
 a. Nkpughe 1
 b. Mak 2
 c. Aisaia 58

18. Ọ BỊ GHỊ IHE ANYỊ NA-EME; Ọ BỤ IHE Ọ NA-EME SITE NA
_____ nke ndụ anyị.
 a. na-agbapụta
 b. na-agbanwe
 c. ihe ikpe

19. "Jehova, bú Chineke-gi, nọ n'etiti gi, Ọ bu
_____ nke nāzọputa: O gēji ọṅù nwe obi-utọ

n'aru gi, Ọ gedere du n'ihu-n'anya-Ya, Ọ gēji iti-nkpu-ọṅù teghari egwu ọṅù n'aru gi." (Zephaniah 3:17)
 a. dị ike
 b. dị nsọ
 c. dị nnukwu

20. O NA-AGBANWE ANYI KA ANYI BURU _____ .
 a. Ihe
 b. onye na-eso ụzọ
 c. ọṅụ

CHAPTER 9
IHE-ỌTÙTÙ

Ihe-Ọtùtù –Oge eruola ka anyị mee mkpebi - Anyị niile nwere nhọrọ

Anyị na-ekele gị Chineke maka ikike gị na ịhụnanya gị, anyị na-ekele gị maka ikpe ziri ezi gị na ebere gị. Onye nwe ayi nke dị oké ọnụ ahịa, Ekele dịrị gi n'tinye n'obi anyị ọzụzụ i nwere maka anyị. Onyenwe anyi, anyi na ekele gi ugbua na ndi isi agha ga la. Ike oku mmuo a ga la. Anyị kwesịrị ị kwụ n'ahịrị dịka okwu Chineke, juputara n'ịhụnanya na ọmiko gị. Onyenweanyị, I kpụtara anyị ebe a izụ anyị, anyị bụ nke Gị. Anyị agaghị ekwe ka mmụọ nnupụisi chịa n'ime obi anyị. Ya mere Onye-nwe anyi, ana m ekele Gị n'ịchị nwa ọbụla, nwoke na nwanyị. Anyi n'enye Gi otito maka ya Jizọs n'aha Gi di ebube. Amen.

Ka anyị gụọ Abụ Ọma 4-7

Abụ Ọma 4:1 Mḅe m'kpọrọ, Gi zam, Chineke nke ezi omumem; I nyewom ebe sara mbara mḅe m'nọ na nkpà: Merem amara, nuru ekperem

Abụ Ọma 5:1 Ge nti n'okwu-ọnum, Jehova, Ghọta ntughari-uchem. 2 N̂a nti n'olu ntiku m'nētiku Gi, Ezem, na Chinekem: N'ihi na ọ bu Gi ka m'nēkpere. 3 Jehova, n'ututu ka I gānu olum; N'ututu ka m'gēdoro Gi ekperem n'usoro, che kwa nche.

Abụ Ọma 6:1 Jehova, Abalaram nba n'iwe-Gi, Adọ-kwalam aka na nti n'ọnuma-Gi. 2 Merem amara, Jehova; n'ihi na onye taworo aru ka m'bu: Mem ka m'diri ndu, Jehova; n'ihi na ọkpukpum nile nāma jijiji.

8 Si n'ebe m'nọ wezuga onwe-unu, unu nile ndi nālu ajọ ihe; N'ihi na Jehova anuwo olu ákwám. 9 Jehova anuwo arirọ-amaram; Jehova gānara ekperem. 10 Ihere gēme ndiirom nile, ha gāma kwa jijiji nke-uku: Ha gālaghachi azu, ihere gēme ha na mberede.

Abụ Ọma 7:1 Jehova, bú Chinekem, na Gi ka m'ḅabàworo: Zọputam n'aka ndi nile nēsoḅum, naputakwam n'aka-ha:

8 Jehova nēkpe ndi nile di iche iche ikpe: Kpem ikpe, Jehova, dika ezi omumem si di, na dika izu-okèm si di nke di nimem.

Nke mbu anyi ga-ikpokurịrị Ya. Anyị na-arịọ Ya ka o mee ka anyị buwanye ụba ma meere anyị ebere ma nụ ekpere anyị. Chineke na-agwa anyị ihe anyị ga-eme ka anyị nwee ike ịnụ olu ya. Anyị na-echekarị ma Ọ ga-anụ ekpere anyị. Mana mgbe anyi matara na O kewaputara ndi Chukwu di iche nye onwe Ya, anyi ga-amata na O na-anu olu anyi mgbe anyi na ekpe ekpere.

Nkwenye anyị na Chineke ga-ebu ụzọ. Anyi ji obi obi tiwara etiwa na nke ncheghari abiakute Ya, anyi ji obi ghere oghe bia, anyị na-arịọ mgbaghara ma na-echegharị maka ihe niile anyị meworo. Mgbe ahụ, **Ọ na-anụ ekpere anyị**, mgbe ahụ Ọ na-agbaghara anyị mmehie anyị, mgbe ahụ Ọ na-ehichapụ ha. **Chineke chọrọ ka anyị mata na Ọ na-anụ olu anyị** mgbe anyị na-akpọ oku ma Ọ ga-aza dịka Ọ "na-ege ntị" n'okwu anyị. Chineke matara na anyị hụrụ Ya n'anya; n'ime isi ụtụtụ nke abalị, anyị nwere ike isoro Ya nọkọrịta ọnụ.

Anyị na-anụ ndị mmadụ ga-aga ma nọrọ naanị ha ọtụtụ oge. I maara na ọ bụrụ na Chineke nọ n'ime anyị, ọ bụghị naanị anyị, ka ọ bụ naani anyị? Ọ bụrụ na Ọ nọ n'ime anyị, ịkwesighi ịga ebe ọzọ ịgwa Ya okwu. Ikwesighi igbanye n'ọhia ma gwa Ya okwu; inwere ike ịgwa Ya okwu n'elu akwa gị. **Chineke chọrọ ka anyị mata Ya. Ọ chọrọ ka anyị na ya nwee mmekọrịta** chiri anya na Ọ na-agwa anyị nke a n'Abụ Ọma 4. Site n'obi gị, n'elu àkwà gị, nọrọ juu, Onyenwe anyi na-agwa anyị okwu n'ime isi ụtụtụ. Ọ na-akpọte anyị n'elekere atọ na n'elekere anọ nke ụtụtụ. Ọ bụrụ na Ọ nọ n'ime gị, ị gaghị aga ebe ọzọ, naanị ị gwa Ya okwu ma Ọ ga-enye gị azịza ma Ọ ga-ejikwa mmụọ Ya duru gị.

N'otu oge otu nwaada bịara n'ụlọ m wee sị na Onyenwe anyị zitere m ka m kpọga gị n'ụlọ m ka Onyenwe anyị nwee ike ịgwa gị okwu. Nke ahụ bụụrụ m ihe ọhụrụ, makana Onyenwe anyị gwara m okwu n'ebe anagbasa akwa, ebe ịsi nri, ị na-ehicha ala, ebe ana-hichaa ụlọ, ebe ana-edozi àkwà, ekwesịghị m ịga ebe ọzọ. Onye-nwe-ayi gwara m, "Ezigaghị m ya ka ọ gwa gị ka ị laa n'ụlọ ya. Ọ bụrụ na ị gara ụlọ ya nọrọ n'abalị ka m nwee ike ịgwa gị okwu, ọ garaghị abụ m na-agwa gị okwu n'ihi na m na-agwa gị okwu n'ebe niile." **Chineke chọrọ ka anyị mata Ya. Ọ chọrọ ka anyị na ya nwee mmekọrịta chiri anya.**

Chetakwa, Ọ na-anụ ekpere anyị. Ọ na-agbaghara anyị mmehie anyị ma sachapụ anyị ajọ omume niile. Ma lee ọṅụ ọ bụ ịmara na anyị nwere udo, na anyị nwere ike dinara ala ma hie ụra ma biri na nchekwa. Chineke akpọwo anyị ka anyị bie ndụ udo na izu ike; anyị kwesịrị inye ndụ anyị nye

Onyenwe anyị **nraranye zuru ezu** na Ya. Chineke agaghị egbo mkpa anyị otu ọkara ma anyị enweghị ike ịbịakwute ya ọkara ụzọ, anyị ga-abịa n'ụzọ ahụ niile, Ọ chọrọ **inyefe kpam kpam.**
Ka m gwa gị, ọ bụ ụdị nke otu akụkụ ... Gịnị ka Ọ na-anapụ anyị? Ọ na-ewepụ mmehie na ọchịchịrị; agwa ọjọọ, mmanya na-aba n'anya, ọgwụ ike, agụụ niile nke anụ arụ na mpako nke anụ ahụ. Ọ na-ewepụ ya niile ma ị nwere onwe gị. Gini mere iji leghachi anya ma kwe ka ekwensu mekpaa uche gi n'obi karia ikwu okwu si enwerem onwe m, enwerem onwe m? Jehova emewo ka m nwere onwe m.
Otu nwa agbọghọ si Kansas bia nwere ọtụtụ ọchịchị na ikike na ndụ ya. Ọ gbapụrụ n'okporo ụzọ. Ndị na-eto eto gara ịzọpụta ya n'ihi na onye ọ bụla nwere ike iburu ya ma ọ dị njọ na ebe ahụ. Ndị na-eto eto gbara ọsọ gakwuru ya, otu mmụọ ozi toro ogologo nke yi uwe ọcha, gbara ya ọsọ wee zọọ ya ụkwụ. Ha nwudoro ya wee weghachite ya. Nwa agbọghọ a na-alụ ọgụ maka mgbapụta ma kpebie na ọ ga-agba ọsọ ọzọ. Oge a nwoke a aụrụma butere ya wee kpọrọ ya ebe ọtụtụ ọrụ ọjọ na-aga. Ọ gbapụrụ wee kpo ulo. Enwere ike igbu ya ngwa ngwa mana anyị na-arịọchitere ya kemgbe ọ pụru n'ọnụ ụzọ. .
Chineke nwere uzo maka gi unu nke bu udo Ya, ezi omume Ya, Ngbaghara ya na ogwugwo ya. Anyị enweghị ike iji Chineke gwuo egwu mọọbụ ekwensu maka na ekwensu ga-edugharị gị ma mee ka ị da ngwa ngwa. Udo si na Chukwu bia, Obi uto si na Chukwu, Nzoputa si n'aka Ya, Ihunanya na-esite n'aka Ya. Onyenwe anyi na akpo anyi n'ime mmekorita a mara nma nke O na-ekwu maka ya n'ime Abuoma isi ano. Ọnụnọ Chineke na ihụnanya n'ime anyị. **Chineke chọrọ ka anyị tụkwasị Ya obi.** Anyị niile na-

atụkwasị obi na anụ ahụ anyị mana anyị tụkwasịghị Chineke obi? I bụ ndị ahọpụtara ma Chineke họpụtara gị ịbụ pasent otu narị n'ime Ya, Ọ ga-azụ gị ka O wee nwee ike nọ n'ime gị pasent otu narị n'ebe ahụ megide ajọ ihe nke ụwa a.

Igaghị ama ma ọlị belụsọ ị tụkwasịrị Ya obi ma kwe ka Ọ gosi gị na Ọ bụ Chineke.

Anyị nwere ike ịme ihe nke aka anyị ma Chineke agaghị egbochi anyị n'ihi na Ọ na-asọpụrụ ikike gị ịhọrọ. Onyenwe kuziri m ihe dịka afọ iri anọ gara aga na enweghị m ikike igbochi nhọrọ nke onye ọbụla na-eme. Ekwesịrị m ịkwụghachi ka ha mee ya n'ihi na ha nwere ikike ime ya ma ọ dị mma ma ọ dị njọ. Mgbe ụfọdụ Mmụọ Nsọ na-asị m "A na m adọta eriri igwe na nke a bụ oge ikpeazụ m na-abịa n'ụzọ a." Mgbe O kwuru nke ahụ, ana m irubere Ya isi ọ na mee ya.

O nwere otu nwoke m ma nwere nwunye na ụmụ ya abụọ. Ha na-abịakwute anyị maka enyemaka. Otu abalị, n'etiti abalị, ọ bịara ka anapụta ya. O nwere ọchịchị na ikike na ndu ya joro oke njo. Ya mere, anyị kpere ekpere ma buo ọnụ maka Ya, Onyenwe anyị napụtara ya. Nwunye ya, nke oma na o nweghi nchegbu banyere Chineke, o kwuru na mgbe ya choro Ya, na ya ga eche banyere Ya.

Otu ụbọchị, Onyenwe anyị gwara m ka m gaa n'ụlọ ha. Onye-nwe-anyị gwara m na achọrọ m ka ị gaa n'ụlọ ahụ ma achọrọ m ka ị gụọrọ ha akwụkwọ-nsọ a.

Amos 7:6 Jehova chègharìrì uche bayere nka: Nka agaghi-adi kwa, ka Onye-nwe-ayi Jehova siri 7 Otú a ka O mere ka m'hu: ma, le, Onye-nwe-ayi nēguzo Onwe-ya n'akuku mbịdi ejiri opù eji atù mbịdi lua, ọ bu kwa **n'aka-Ya ka opù eji atù mbịdi di.** 8 Jehova we sim, Gini ka gi onwe-gi nāhu, Emos? M'we si, Opù eji atù mbidi; Onye-nwe-ayi we si, Le, M'gaje ido opù eji atù nbidi n'etiti ndim, bú Israel; M'gaghi-agabiga kwa nmehie-ha ọzọ:

    M gara n'abalị ahụ Onye nwe anyi wee nye ha okwu ahụ. Nwa m nwoke juru nwunye ya, sị, "you nwere ihe ị maara gbasara Onyenwe anyị?" Ọ sịrị, "A na m eche maka Onyenwe-anyị, mgbe achọrọ m Ya." Ọ sịrị "Gịnị?" Echere m na nke a jọgburu onwe ya n'ihi na ya na Chineke enweghị nkwukọrịta ma ọlị. N'ihi ya, n'abalị ahụ, mgbe anyị hapụrụ, di ya si n'ụlọ ahụ pụọ ma ghara ịlọghachi. Ọ gbara nwunye ya alụkwaghịm wee lụọ onye ọzọ. Oge ụfọdụ ka e mesịrị, ọ dabara n'ihe ọghọm ọgba tum tum ma etinye ya na ngalaba nlekọta kpụ ọkụ n'ọnụ n'ụlọ ọgwụ. Agara m gwa ya okwu ma kwenye na ya na Chineke dị n'udo tupu ọ nwụọ.

    Nwunye ya, nke ọma, ọ naghị aga otu Chukwu chọrọ ya n'ihi na o nweghị mmasị na Chukwu ... ma e wezụga mgbe ọ chọrọ Ya. Afọ ise mgbe nke ahụ gasịrị, nwunye ahụ kpọrọ m n'etiti abalị wee sị na nwa ya nwoke na-agafe n'okporo uzọ n'ihe dị ka elekere atọ nke ụtụtụ na otu gwongworo kụrụ ya wee gbuo ya ozugbo... nwatakiri ahu anwuwo, dika nna-ya. Amaara m nwata nwoke na akwa nkpuchi. Mgbe ọ dị ihe dị ka afọ asatọ, ọ na-ebu Akwụkwọ Nsọ gburugburu wee kwuo na m ga-abụ onye nkwusa. Ọ hụrụ Onyenwe anyị n'anya, mana ọtụtụ afọ gachara ma ugbu a ọ gbara afọ iri na isii. O sonyeere ụfọdụ ndị na-efe ekwensu; ndị enyi ya niile bụ ndị na-efe ekwensu. Mgbe anyị gara n'ebe ana-edebe ozu, ndị enyi ya nwere oke mwute. Anyị kwuru, sị, "I maara na nwata a erughị ebe Chineke nọ? Ọ họọrọ ma sonyere n'òtù ndị omempụ ma tụfuo ndụ ya na-enweghị Chineke. "
Ha kwuru, sị, "Ọ bụghị enyi anyị, nke a enweghị ike ime ya."
O kwuru, sị, "knownu maara enyi gị nọ na oku mmuo ugbu

a?" "Ọ bụghị enyi anyị ..." "Ee, enyi gị, n'ihi na ọ họọrọ ihe ọjọọ kama ịhọrọ ihe ọma." Ekpere m ekpere maka ụfọdụ ndị enyi ya, ha niile yi uwe ojii; ha adighi ka mmadu. Ọ jọgburu onwe ya. Ihe m chetara bụ obere nwa a ... ji Akwụkwọ Nsọ. **Anyị kwesịrị izulite ụmụ anyị n'ụzọ nke Onye-nweanyị.** I nweghi ike inwe Chineke n'ime ndu gi ma ikpebie na iga ne edu onwe gi, n'ihi na dị ka ndụ gị si dị, ị ga-ezute ọnwụ, ị ga-atụfu ya. Mgbe Chineke kpọrọ anyị ka anyị bata n'ụzọ Ya, ma anyị họrọ nke aka anyị ... nsogbu dị.

Amaghi m n'abali ahu na O nyere okwu a bu na Chukwu doworo ihe ndoro-ndoro ala ma o gaghi aga ozo. Amaghị m ihe ga-eme ezinụlọ ahụ dum. **Anyị nwere nhọrọ ime.** Chineke agaghị egbochi gị n'ụzọ gị, mana ụzọ nke gị ga-ewepụ gị n'ebe Chineke nọ.

Anyị ga-rịọrịrị Ya ka O wepụrụ anyị ihe niile megidere uche Ya zuru oke ma tinye ịhụnanya Ya n'ime anyị **ruo mgbe ihe niile dị n'ime anyị jupụtara n'ịhụnanya Ya.** Ọ dị anyị n'aka ịhọrọ, n'ihi na Chineke mere ka anyị nwere onwe anyị. Ọ gaghị egbochi ... anyị nwere nhọrọ ime.

Anọ m n'Africa n'otu ime obodo wee zute otu nwoke ọchụnta ego nke Chineke gọziri ma omechaa bụrụ onye anyaukwu. O nweghi afọ ojuju na ngọzi nke Onye-nwe anyi. Ọ gwara Onyenwe anyị na ya na ndị mmadụ nwere mmekọrịta ụfọdụ, Onyenwe anyị gwara ya na ọ bụ iri ngo. O cheghị na ọ bụ iri ngo, o chere na ọ bụ naanị ndị enyi ya.

Onye ọchụnta ego a kọọrọ anyị otu akụkọ. Mọnde, Onyenwe anyị gwara ya ka o dozie ụlọ ya maka na Satọdee ọ ga-anwụ. Chineke kwuru, "emechabeghị m." Nke a bụ Mọnde na Onyenwe anyị Ọ gwara ya "Iga na-edozi ihe niile ma rịọ onye ọ bụla ka ọ gbaghara gị." Onye ọchụnta ego ahụ chetara otu nwanyị kpọrọ ya asị nke ukwuu. Ọ gara ịhụ ya wee sị, "Achọrọ m ka ị gbaghara m." Ọ wụsara ya ofe dị ọkụ n'ihu ya. Ọ nọ na-eche ihe ọ ga-eme. N'ikpeazụ ọ kpaliri ya ige ya ntị ma gbaghara ya. O nwere naanị otu izu iji chebe ndụ ya. Chineke kwuru, sị, "Dozie ụlọ gị." Na Satọde ọ dị ahụike na ọ dịghị ihe dị ya, mana ọ nwụrụ.

N'ụtụtụ Sọnde, ndị ezinụlọ ya kpọtara ya n'ụlọ ọgwụ Site na ụtarị... onwụrụ anwụ. Ozu ... ọ dịghị ihe ha nwere ike ime; ha enweghị oge ozu. Dọkịta ahụ anụla akụkọ banyere Lazarọs na klaasị ụbọchị ụka ya ka ọ na-ege ntị n'Onyenwe anyị sị, "I buru ozu a gaa ụlọ ọgwụ gị."

Onye isi ndi nlekọta ya kwuru, sị, "Nwoke a anwụọla, ọ bụ ozu." "Tinyere ya IV" " O nweghị akwara." Dọkịta ahụ kwuru, sị, "Debe ya ebe ị maara akwara dị." Ọ nwụgori ụbọchị anọ garaga. Onye isi ndi nlekọta tinyere ya n'elu ihe ndina dị ka dọkịta nyere n'iwu. Dọkịta gara ụlọ iji zuru ike obere oge, ọ na-enwe oke ike ogwụgwụ o wee dinara ụra mgbe Onye-nwe kpọọrọ ya site na Mmụọ Nsọ sị ya soro onye ọchụnta ego ahụ nwụrụ.

Onye ọchụnta ego ahụ gara eluigwe. Ha na-emepe akwụkwọ ndụ ka ọ mara ma è dere aha ya na ya. Chineke kwuru, sị, "Enwere m ọnụọgụ anọ megide gị." N'ihi ya, ha ji karama na ahịhịa bịa, n'ime karama ahụ bụ ọbara Jizọs. Ha weere brọsh ahụ sachaa ebubo anọ ndị ahụ e boro ya.

O guzoro n'ebe ahụ ma ọ maghị ihe ga-eme n'ihi na o jighị n'aka na Onyenwe anyị agbagharala ya. Onye-nwe sichara ya n'ihu ya. Onye-nwe sichara ya n'ihu ya. Onye ọchụnta ego ahụ hụrụ otu enyi ya n'azụ ya bụ Onye Kraịst, ọ nụkwara ka ha na-ekwu, sị, "Si ebe m nọ pụọ, ọ dịghị mgbe m maara gị. Ndi ozo biara, O we si, si ebe m puo, amaghim gi. Mgbe ọ bịarutere n'otu ebe, Onyenwe anyị wee sị ya, "I ga-alaghachi." Dọkịta ahụ nụrụ ihe Onyenwe anyị nọ na-agwa nwoke a. Chineke weghachiri ya rue ime ulo-ya. Dọkịta ahụ chere ka onye ọchụnta ego ahụ laghachi. Kwa ụbọchị, ọ na-eche na ọ ga-alaghachi wee hụ nwoke ka ọ mụ anya mana ọ bụghị otu a ... ụbọchị anọ gafere. N'ụbọchị nke anọ, anya mmiri gbara ya. Nke ahụ bụ ihe mbụ na-egosi ndụ. Chineke weghachiri ya n'ihi otu nzube, Chineke kwuru, "Gaa gwa ndị m na ọ dịghị pọgatrị dị. Eluigwe na ọkụ ala mmụọ. Họrọ otu ma ọ bụ nke ọzọ, gaa dọọ ndị m aka na ntị."

Nhọrọ anyị na-ekpebi ebe anyị ga-aga ebi ebighebi.
Enwere naanị ebe abụọ ị ga-aga. Mgbe m dị afọ iri na isii, agara m ebe dị anya site pụọ na Chukwu ma Onyenwe anyị mere ka m maa jijiji n'elu ọkụ ala mmụọ. Ọ meghere ọkụ ala mmụọ wee sị m, "Ọ bụrụ na ị naghị efe m, ọ bụ ebe ahụ ka ị ga-aga." Ma nke ahụ kwụ ọtọ dị ka ọ dị. Ọ bụrụ na anyị anaghị efe Ya, ọ bụ ebe anyị ga-aga.

Ma chee maka ihe Chineke n'enye anyi na mgbanwe. Kedụ ka anyị jụ ịhụnanya Ya, na nke O nyegoro anyị? Anyị ọna-ahọrọ ọchịchịrị na ndụ anyị? O nwere ike iziga anyị na ọkụ ala mmụọ ma ọ bụ na anyị dị njikere ịhapụ Ya ka ọ hichaa ụlọ anyị ma mejupụta anyị n'ịhụnanya Ya ruo mgbe ịhụnanya nke Chineke jupụta anyị afọ. Adịghị m onye na-ekwusa ọkụ mmụọ mana amaara m nke ọma ihe ọkụ ala mmụọ dị. Amaara m ego anyị ga-akwụ ma ọ bụrụ na anyị esoghị Chineke na-ejeghari site n'obi anyị niile.

Ndi mmadu achoghi inyere ndi ogbenye aka, otu ubochi tupu oge di anya ga-eguzo n'ihu Chineke. Chineke agaghi aju ha nkpuru obi ole ha batara n'alaeze. Ọ gaje ịjụ "agụụ gụrụ m, mana i nyeghị m nri, akpịrị kpọrọ m nkụ ma unu enyeghị m mmiri. Abụ m onye ọbịa ma ị nabataghị m, agba m ọtọ ma unu eyighị m uwe. Adị m arịa ọrịa, ma unu abịaghị

leta m, Anọ m n'ụlọ mkpọrọ ma unu abịakwuteghị m."
Achọghị m ịma ka anyị si buo ibu, ọ bụrụ na anyị anaghị
eme ihe Onye-nwe-anyị nyere n'iwu, anyị ga-atụfu ya.

Aisaia 58 dị oke ụda ma doo anya na Chineke chọrọ ka
anyị mee ya ma eleghị anya ị chọghị ime ya, mana **ọ bụrụ na
ị hụrụ Chineke n'anya, ọ ga dị gị n'obi i gboo mkpa nke
ndị ọzọ.** Enwere nani otu ụzọ n 'ụzọ ụwa a nke bụ obiọma
ụmụnna... na-ahụrịta ibe anyị n'anya, na-ejere ibe anyị ozi,
na-enyere ndị ogbenye aka, na-egbo mkpa Jizọs nyere anyị
n'Oziọma ndị ahụ. Ihe ahụ Jizọs mere, Ọ chọrọ ka anyị mee
ya.

Anyị nwere akara kwụ ọtọ - Ihe-Ọtùtù. Achọghị m ịma
ije ije n'ahịrị ahụ, n'ihi na ọ bụ akara udo, ọńụ, ezi omume
na ịdị nsọ n'ebe Onyenwe anyị nọ. Anyị kwesịrị nghọta a ya.
Chineke na-akpọ ndị a Ọ pụrụ ịhụ n'anya ma bụkuo abụ,
ndị Ọ nwere ike ịńụrị ọńụ n'isi anyi, ka anyị na-eje ije ma
na-agbaba n'ịhụnanya Ya nye mba ndị dị n'ụwa. Ihe Chineke
zubere maka anyị dị oke egwu dịka anyị na-ewepu onwe
anyị ma kwe ka ịhụnanya Ya jupụta anyị..

Na akụkọ banyere onye ọchụnta ego, otu ihe na-efu na
otu nwanyị ezigara na ọkụ ala mmụọ bụ na enweghị
ịhụnanya Chineke. Nke ahụ bụ naanị ihe megidere ya. Ọ
bụrụ na ịhụnanya nke ụwa dị n'ime anyị, mgbe ahụ
ịhụnanya nke Nna adịghị. Ọ bụrụ na anyị hụrụ Nna anyị
n'anya, ịhụnanya maka ụwa adịghị n'ime anyị. Chineke na
ese akara aka na ndụ anyị, ka O nwere ike mejuo anyị ka
ịhụnanya Ya ga-rukwa n'ime anyị.

Chineke ga-emere anyị ụzọ; anyị ekwesịghị ime ya maka
onwe anyị ma ọ bụrụ na anyị emere ya onwe anyị, anyị ga-
ehie ụzọ maka ya. Ọ bụrụ na anyị enyefee Chineke ụzọ anyị,
Chineke ga-eduzi ya, anyị ga-enwekwa udo ahụ, ọńụ na ezi

Ihe-Ọtùtù

omume ahụ. Ọ ka mma ịnwe Jizọs n'aka maka ndụ anyị. **Ọ ka mma ịnwe ịhụnanya na ebube Ya na alaeze Ya ka ọnaarụ ọrụ n'ime anyị.**

Anyị nwere nhọrọ ime. Ọ bụrụ na anyị ahọrọ Ya, anyị gaenweta ngọzi ebighi ebi site n'aka Ya ma bie n'alaeze Ya ruo mgbe ebighị ebi. Ọ bụrụ na anyị ahọrọghị Ya, a ga-ama anyị ikpe rue mgbe ebighi ebi. Ọ bụghị obere ihe ... anyị kwesịrị ịhọrọ Ya.

Ọ hụrụ anyị n'anya; Ọ chọghị ka anyị gaa ebe ekwensu na-aga. Ochoro ka anyi gaa ebe ahu O hoputara anyi. Ọ gaghị eji ike ma ọ bụ manye anyị, belụsọ site na ịhụnanya Ya ịdọta anyị n'ebe Ọ nọ. Ihụnanya Ya na-akpali anyị isoro Ya. Achọrọ m ịhapụ gị okwu ndị a, **họrọ Ya, ọ nweghị ihe ọbụla n'abughị ihe Ọ chọrọ maka anyị ma ọ bụrụ na anyị ga-eso Ya.** Chineke nyere anyị nke ukwuu, ọ bụrụ na anyị anụ naanị ihe Ọ na-ekwu, anyị ekwesịghị ijikọ onwe anyị na ihe ndị ọzọ ma ọ bụ ihe doro anya ma dị mfe ma dị ike, ma ọ bụrụ na anyị anata ya. Chineke ga-enye gị ya ma ọ bụrụ na ị kwe. Dịrị njikere ịga n'ụzọ ahụ nke nnwere onwe, udo na ọṅụ, ezi omume na ịdị nsọ.

Nna, anyị ekele Gi maka okwu a. Jizọs, anyị na-ekele gị na ị naghị ekwu otu ihe ma mee ihe ọzọ, ị chọghịkwa ka anyị kwuo otu ihe ma mee ihe ọzọ. Onyenweanyị gwaa obi anyị okwu, ka anyị mata oke ịhụnanya na ndokwa gị ka anyị were Oziọma a nke alaeze nke Jizọs Kraịst gaa n'ime ụwa niile, ka anyị wee bụrụ onye àmà nye mba niile. Ya mere ka gi Onye-nwe anyi nwere ike ịlaghachikwuru ndị gị ọzọ. Onyenwe anyị Jizọs, gwa anyị ịhụnanya gị, nkasi obi gị na ike gị. Onye-nwe-anyị mee ka mmụọ gị gba site na anyị na-agaghari na ndụ anyị ka anyị wee họrọ ije ije na Mmụọ nke Ndụ. Onye nweayi Jizọs, weta ndu ka anyi biri rue mgbe ebighi ebi. Obi dị anyị ụtọ n'ihe niile i meere anyị, n'ihi na ọ bụ gị kwuru na iga ejide onye ọ bụla nwere ikpe ọmụma onye gbapuru na Kraist azụ ma ọ bụ jụ Ya. Onyenweanyị, anyị na-ekele gị maka eziokwu na eziokwu ga-eme ka anyị nwere onwe anyị. Jizọs, e kelee m gị maka ntị ịnụ na obi ịnabata na obi irube isi, n'aha Jizọs Amen.

Site na ozi ahụ "Ihe-Ọtùtù - Oge Eruola ime Mkpebi - Anyị Niile Nwere Nhọrọ" site na Rev. Agnes I. Numer

NYOCHA: IHE-ỌTÙTÙ

Ajuju mkparita uka
1. O kwesiri ka anyi noro n'ebe puru iche ikwuru Chineke okwu? Olee ebe gị na Ya na-ekwurịta okwu?
2. Gịnị ka Chineke chọrọ ka anyị mee? Chineke na-akpọ anyị ka anyị nwee ezigbo mmekọrịta. Kọọ otú gị na Chineke dịruru ná mma.
3. Gini bu ihe-ọtùtù?
4. Kedu ihe eji ya eme?
5. Gịnị ka ọ pụtara mgbe Chineke setịpụrụ ihe-ọtùtù na ndụ anyị?
6. Ọ bụrụ na anyị ejighị obi anyị dum jeere Chineke ozi, gịnị ga-eme anyị?
7. Gịnị bụ ọṅụ nke ijere Chineke ozi na ije "n'ahịrị kwụ ọtọ"?
8. Olee ụzọ mmadụ ga-adị njikere ịga ije?

Nyocha:
1. Emos 7:7 ... Onye-nwe-ayi nēguzo Onwe-ya n'akuku mḅidi ejiri _____ lua, ọ bu kwa n'aka-Ya. 8 Jehova we sim, Gini ka gi onwe-gi nāhu, Emos? M'we si, _____.

Onye-nwe-ayi we si, Le, M'gaje ido _____ n'etiti ndim, _____ Israel:

2. CHINEKE AKPỌỌLA ANYỊ KA ANYỊ BIRI NA UDO NA IZU IKE.
Anyị ga-enye ndụ anyị na _____ na mkpokọta _____ nye Ya. Ọ chọrọ _____ _____.

3. UDO SITERE NA CHINEKE, _____ NA-ESITE NA CHINEKE, _____ na-esite na Ya, _____ na-esite na Ya. Chineke chọrọ ka anyị tinye _____ na Ya.

4. _____ KPEBIE EBE ANYI GA _____ MAKA EBIGHIEBI.

5. Ọ B! RỤ NA ANYỊ AH! RỌ YA, ANYỊ GA-EBIGHI EBI _____ Ọ ga-agọzi anyi, anyi ga-ebi na alaeze ya ruo mgbe ebighị ebi ma ọ bụrụ na anyị ahọrọghị Ya, anyị ga-abụrụ ọnụ ruo mgbe ebighị ebi.
   a. Eziokwu
   b. Ugha

6. CHINEKE GA-ENYE YA YA MA Ọ B! RỤ NA Ị _____YA. Bụrụ _____ iji jee ije n'ụzọ _____, udo na ọṅụ, _____ na ịdị nsọ.

. . .

7. Enwere otu _____, nke ahụ b! kwa nwanne _____, na-ahụrịta ibe ha n'anya, _____ ibe unu, na-enyere ndị ogbenye aka, na-ezute _____ ahụ Jizọs tọgbọrọ n'ihu ka anyị na _____. Nke ahụ nke Jizọs _____, Ọ _____ nke anyị na mee.

CHAPTER 10
NKWUPỤTA ỌHỤỤ

Ozi ọ bụla ga-enweriri Nkwupụta Ọhụụ nke na-akọwapụta ebumnuche gị bụ isi. Ga-enweriri Nkwupụta Ozi nke na-ekwupụta ebumnuche gị na nlekwasị anya gị.

Nkọwa: Nkwupụta Ọhụụ - Nkwupụta otu ikpe na-akọwa mgbanwe doro anya na nke geji ogologo oge bia site na nzukọ ma ọ bụ ihe omume mmemme.

Lee ụfọdụ ihe atụ:
• Oxfam: Uwa nke enweghị ịda ogbenye (mkpuru okwu ise na bekee)
• Ebe Obibi maka mmadụ: Uwa ebe mmadụ niile nwere ezigbo ụlọ ibi. (mkpuru okwu iri na bekee)
• NPR, na netwọkụ nke ụlọ ọrụ ndị otu nọọrọ onwe ha, bụ ụlọ ọrụ akụkọ akụkọ dị mkpa nke America (mkpuru okwu iri na abụọ na bekee)
• Ọhụụ Uwa: Maka nwatakịrị ọ bụla, ndụ n'ụzọ zuru ezu; Ekpere anyị maka obi ọ bụla, uche ime ya (mkpuru okwu iri na itoolu na bekee)
• N'ime ndị ministri: na-ekwusara mmadụ ozioma nke

Jizọs Kraịst na mba niile ụwa. (mkpuru okwu iri na anọ na bekee)
• Nkwupụta Ozi - ihe ị na-eme: Nkwupụta otu ahịrịokwu na-akọwa ihe kpatara nzukọ ma ọ bụ ihe omume dị. Ejiri ya enye aka duzie mkpebi banyere ihe kacha mkpa, omume, na ibu ọrụ. Lee ụfọdụ ihe atụ:
• TED: Igbasa echiche. (mkpuru okwu abụọ na bekee)
• Smithsonian: Mmụba na mgbasa nke ihe ọmụma. (mkpuru okwu isii na bekee)
• Livestrong: Iji kpalie ma nyere ndị mmadụ ọrịa kansa metụtara. (mkpuru okwu asatọ na bekee)
• Mmiri Òtù Ọrụ Ebere: Anyị bụ ndị na-abụghị ọrụ nzukọ nneweta, mmiri dị ọcha, ndị mma nye ndị mmadụ na mba ndị ka na-emepe emepe. (mkpuru okwu iri na anọ na bekee)
• N'ime ndị ministri: Idu ndi mmadu n'uwa nile ka ha na Jizọs Kraist nwee nmekorita na ime ka nzuko uka di ike. (mkpuru okwu iri na asaa na bekee)

Ọhụụ Chineke nwere mgbe niile akọwapụtara nke ọma ma gwa Israel. Chineke gbara ndụ malite na Abraham, "M ga-abụ Chineke unu, unu ga-abụ ndị m" Chineke kwupụtara na Ya ga-enwe ndị bi n'ụwa nke ga-egosipụta otuto Ya.

E nwere **nkwa atọ** dị n'ọgbụgba ndụ ahụ emere maka Abraham na ụmụ ya.

1. **Ala nke Nkwa** (Jenesis 12: 1). Chineke kpọrọ Abraham site na Ua nke ndị Kaldea gaa ala nke Ọ ga-enye ya (Jenesis 12: 1). Ekwughachiri nkwa a na Jenesis 13: 14–18 ebe a kwadoro ya site na ọgbụgba ndụ akpụkpọ ụkwụ; E nyere n'uzọ di ichiche na Jenesis 15:18–21. Leekwa Diuterọnọmi 30: 1–10, Ọgbụgba ndụ Palestine.

2. **Nkwa nke nkpuru** (Jenesis 12: 2). Chineke kwere Abraham nkwa na ya ga-eme ya nnukwu mba. Abraham, onye gbara afọ iri asaa na ise n'amụtaghị nwa (Jenesis 12: 4), e kwere ya nkwa ọtụtụ ụmụ. Na Jenesis 17: 6 mba dị iche iche na ndị eze ụmụ ya. Ọbụna Mezaịa ahụ e kwere ná nkwa ga-esite ná mkpụrụ ya.
3. **Nkwa nke ngọzi na mgbapụta** (Jenesis 12: 3). Chineke kwere nkwa ịgọzi Ebreham na ezinụlọ dị iche iche nke ụwa site n'aka ya. Emere nkwa ka odịkwu irè n'ọgbụgba ndụ ọhụrụ (Jeremaịa 31: 31–34; cp. Ndị Hibru 8: 6–13) ma metụta ngọzi na mgbapụta nke Izrel. Jeremaịa na-atụ anya mgbaghara nke mmehie. Ekwughachiri nye Aịzik (Jenesis 21: 12; 26: 3–4). Egosipụtara Jekọb (Jenesis 28: 14–15).

Ubọchị na-abịa mgbe aga atụgharị mba Izrel, gbaghara ha, ma weghachi (Ndị Rom 11: 25–27) mgbe Izrel ga-echegharị ma nata mgbaghara nke Chineke (Zekaraịa 12: 10–14). Ọ bụ site n'aka mba Izrel ka Chineke kwere nkwa na Jenesis 12:1–3 ịgọzi mba nile nke ụwa. Ngọzi ahụ kasịnụ ga-eweta mgbaghara mmehie ha na ọchịchị alaeze dị ebube nke Mezaịa n'elu ụwa.

Jizọs kwuputara ozi ya tutu Ya amalite ije ozi Ya. Mgbe emesiri ya baptizm Jizọs bara n'ime ozara ka ekwensu we nwa ya. Mgbe O putara mmeri, O guzo n'ulo nzuko wee guo amaokwu a::

Luke 4:18 "Mọ nke Onye-nwe-ayi di n'arum. N'ihi na O terem manu izì ndi-obenye ozi ọma: O ziteworom ikwusa ọrira gwa ndi adọtara n'agha, Na ikwusa ihu-uzọ gwa ndi-ìsi, Izipu ndi etihiawara aru ka ha la,...

Ọhụụ Chineke maka Chọọchị bụ maka ndị ebo ọ bụla, asụsụ na mba, ịnụ oziọma na ịghọ Nwunye nke Kraịst. Nkwuputa Ozi Anyị bụ nke Jizọs nyere anyị nke ọma site na

Matiu 25 - kwusaa, mee baptizim ma kuziere mmadụ niile mba niile.

O we si ha, Ganu n'uwa nile, kwusara ihe nile ekère èkè ozi ọma nkem. Mark 16:15 ESV
Ya mere, ganu, me mba nile ka ha buru ndi nēso uzọm, nēme ha baptism bà n'aha nke Nna, na nke Ọkpara, na nke Mọ Nsọ: 28:19 (ESV)

Idị n'otu nke Ọhụụ
Otu n'ime nsogbu kasịnụ bụ na a na-enwekarị ọhụụ dị iche n'ọgbakọ. Biko lee ihe atụ ndị dị n'okpuru.

Ọhụụ Chineke - nzube Chineke ji kpọọkọ otu ahụ ọnụ. O nwere atụmatụ, ebumnuche na ọhụụ nke so na "Atụmatụ Ka Ukwuu."

Ọhụụ nke ụkọchukwu - mgbe onye ụkọchukwu nụrụ ihe site na Mmụọ Nsọ, ọ ga-enwerịrị echiche ụfọdụ gbasara atụmatụ Chukwu maka ọgbakọ ahụ.

Ọhụụ ndị mmadụ. Ma ọgbakọ ma ndị isi ya nwere ọhụụ..

Ndị okenye gbara ụkọchukwu ahụ gburugburu nwere ike chọọ ịkekọrịta ma nwee ntunye n'ọhụhụ niile. Ha nwere ike mara akụkọ ihe mere eme karịa Onye ụkọchukwu.

Ndị a nwere ike ịnwe ụfọdụ njirimara nke ha sitere na ndị ndu na ahụmịhe gara aga.

Ụfọdụ ndị na-achọ ọdịmma onwe ha ma ọ bụ ndị na-enweghị mmasị..

Ụfọdụ ndị mmadụ enwere ike ịnata nkuzi gara aga nke nwere ike imetụta ọhụụ ha maka ụka ha..

Ọhụhụ ndoro anya na-agba ume ịdị n'otu
Ọhụhụ doro anya, nke na-eme ka ndị mmadụ gbakọta

ma na-arụkọ ọrụ ọnụ. Ọ na-emepụta njirimara na ebumnuche. Ọ na - eme ka ndị mmadụ "rigoro n'elu ụgbọmee ka anyị gaa kọ ọnụ." Ọ na-enyekwa ndị mmadụ ebumnuche n'ihe ha na-eme n'ihi na ha so na ndi dị mkpa nke ihe na-aga ebe ọ bụla. Ọhụụ a na-ahụkarị na-ekwu na anyị na-arụkọ ọrụ ọnụ n'otu ebumnuche. Anyị chọrọ ibe anyị!

Na-eme ka ọgbakọ gị dịrị n'otu na ọhụhụ.

Ozugbo i guzobere ọhụụ doro anya nke ihe Chineke chọrọ ka e mee n'ozi gị, olee otu ị ga-esi nwee ụdị ọhụụ a ma mee ka ndị mmadụ dịrị n'otu na nzube? Cheta na ndị **mmadụ na-ajụkarị mgbanwe.**

Jiri usoro ndị a iji nyere ọgbakọ gị aka ịdị n'otu na otu ọhụụ:

1. Kwadebe onwe gị. Jiri ekpere chọọ ma mara ọhụụ Chineke.
2. Mee ka ndị isi ntụkwasị obi gị nwee mmekọrịta ntụkwasị obi ka ha wee nwee ike itinye aka na ọhụụ ahụ.
3. Na-ekpekọ ekpere ọnụ. Chọọ Chineke. Kwurịtanụ ihe banyere ọhụụ ahụ.
4. Mgbe ọ bụla o kwere gị mee ka gị na ndị ndu gị laghachi ezumike ma kpee ekpere maka ọhụụ ahụ.
5. Tịnye ihe mgbaru ọsọ nke ogologo oge na obere og.

Ozugbo ndị isi ndu gị na-eketa otu ọhụụ... ugbu a ọ bụ oge:
- Kpọọ nzukọ.
- Nwee "ntụlee Ihe Na-eme Eme." N'eziokwu, olee ebe anyị nọ ugbu a? N'ezie.
- Olee nsogbu ndị anyị na-eche ihu, Ebee ka anyị na-aga? Anyi maara ebum n'uche anyị?
- Kekọrịta ọhụụ ahụ, gị na onye ọ bụla, mee ka o doo

anya. Kwuo "Nke a bụ ebe anyị, ndị isi ndị isi, kwenyere na Chineke na-edu anyị."
- Ndi isi dị n'otu; ha nọ ala ọnụ na ndị dị iche iche na-tụlee uche na nkwado "ọhụụ anyị."
- Nkwurịta okwu bụ ụzọ abụọ dị n'okporo ụzọ ma anyị kwesịrị ikwe ka etinye. Ndị mmadụ na-eche na a **na-anụ** aro ha ga-enye ike ha imeju ọhụụ ahụ..
- Ọ gwụla ma ọ bụrụ ọhụụ ha, ị gana-agbago ugwu naani gi.
- **Tinyegharịa, megharịa, megharịa**. Ọ dị mkpa ikwusi ike mgbe niile mkpa ọhụụ ahụ dị..
- Jiri Okwu Njimara, ụkpụrụ nduzi na ọbụna aha mgbanwe. Tinye ọhụụ na akwụkwọ akụkọ ahụ, na akwụkwọ ịma ọkwa na ihe ọ bụla kwesịrị ekwesị.
- Na-ekpekọ ekpere ọnụ ka a rụzuo ihe ndị dị mkpa e kwesịrị imezu.
- **Na-eme ememme obere akara** ma mee ka ịnụ ọkụ n'obi na-aga n'ihu.
- **Cheta ịsị, "I meela."** Na-amata mgbe niile ọrụ emere nke ọma.

Lee ụfọdụ akụkụ Akwụkwọ Nsọ gbasara ọhụụ:

Otú a ka Jehova nke usu nile nke ndi-agha siri, Unu egela nti n'okwu nile nke ndi-amuma ahu ndi nēburu unu amuma; ndi nēme unu ihe-efu ka ha bu: ọhù nke obi-ha ka ha nēkwu, ha adighi-ekwu site n'ọnu Jehova. Jeremaia 23:16 ESV

M̱e ọhù nādighi, ndi ala ahu adighi nchikọta: Ma onye nēdebe iwu, ihe nāgara onye ahu nke-ọma. Ilu 29:18 ESV

N'ihi na ọhù ahu nādiru m̱e akara àkà, ọ nēkusi-kwa-ra ọgwugwu-ya ume ike, ọ gaghi-ekwu kwa okwu-ugha: ọ

buru na ọ la azu, chere ya; n'ihi na ọ ghaghi ibia, ọ gaghi-anọ ọdù. Habakuk 2:3 ESV
Jehova we zam, si, De ọhù ahu n'elu mbadamba-ihe di iche iche, tu ya akika, ka onye nāgu ya we ḅa ọsọ. Habakuk 2:2 ESV
N'ihi na Mu onwem mara èchìchè nile nke Mu onwem nēchè bayere unu, (ọ bu ihe si n'ọnu Jehova puta), èchìchè nke udo, ọ bughi nke ihe ọjọ, inye unu ọdi-n'iru na ntukwasi-obi. Jeremaia 29:11 ESV
N'ezie Onye-nwe-ayi Jehova agaghi-eme ihe, ma ọ buru na O kpugheghi ìzù nzuzo Ya nye ndi-orù-Ya, bú ndi-amuma-Ya.. Emos 3:7 ESV
Na ozi na azụmaahịa anyị kwesiri inwe **nghọta doro anya nke Ọhụụ anyị**, yana anyị kwesịrị ịmara "**onye anyị bụ na ihe anyị na-eme**" nke ga-enye anyị ịdị n'otu **siri ike nke nzube**.

NYOCHAA: NKWUPỤTA ỌHỤỤ

1. Nkwupụta ọhụụ na-akọwapụta ebumnuche gị bụ isi
   a. T
   b. F

2. Nkwupụta ọhụụ kwesịrị ịbụ otu paragraf nke na-akọwa ọrụ gị
   a. T
   b. F

3. Nkwupụta ozi ahụ na-agwa gị ihe ozi gị kacha eme
   a. T
   b. F

4. M ga-abụ Chineke gị ma ị ga-abụ ndị m bụ ọhụụ Chineke kwuru maka onye?
   a. Devid
   b. Noa
   c. Jizọs

d. Abraham

5. Jizọs kwuru banyere ozi ya nke dị n'akụkụ Akwụkwọ Nsọ
   a. Jon 17:17
   b. Luk 4
   c. Abụ Ọma 23
   d. Nkpughe 20:10

6. Gịnị bụ ọhụụ Chineke banyere ụka?
   a. Iji merie ụwa dum nye Chineke
   b. Ndị mmadụ si n'ebe niile ga-enwe ohere ịnụ oziọma ma bụrụ Nwunye Kraịst
   c. Na ndị Ya niile ga-abụ ọgaranya ma nwee ahụ ike

7. Ozi ahụ Chineke nyere anyị bụ:
   a. Kwusaa, mee baptizim ma kuziere mba niile
   b. Jiri ịdị uchu na-amụ okwu ya kwa ubochi
   c. Bịe ndu ekewapụrụ iche ma doo onwe gi nsọ nye Ya

8. Ndị nọ n'ọgbakọ nwere ike nwee ọhụụ nke aka ha maka ụka ha
   a. Eziokwu
   b. Ugha

9. Ọhụụ nke doro anya na-emepụta ihe
   a. Ọnọdụ ebe ndị mmadụ nwere ike ịrụkọ ọrụ ọnụ
   b. Idị n'otu nke nzube
   c. Ihe Mmetụta nke dị mkpa n'ime ndị nọ n'ọgbakọ
   d. Nke niile dị n'elu

10. Iji weta ọgbakọ n'ime ịdị n'otu, onye ụkọchukwu ga-amata ọhụụ Chukwu maka ụka ya
    a. T
    b. F

CHAPTER 11
OTUTO NA OFUFE

Tupu ịmalite usoro a biko, nyochaa Ntọala bụ isi nke Otu - Onye Bụ Chineke? **Ibụ abụ na-enweghị mmanụ Chineke - bu naanị na-abụ abụ.**

"Ọ bụ ihe na-atụ egwu ịmịpụta egwu "Otuto na Ofufe" nke na-eduga n'agụụ maka egwu ndị ọzọ - ife ofufe nke ga-edubariri anyi na-agu nke miri emi nke Chineke na okwu Ya. Dị ka ndị isi na-efe ofufe, anyị na-ewere ohere na ọha na eze nwere ike ma ọ bụ na-enweghị mmasị na egwu Chineke na-ebu amụma site n'aka anyị...ma ọ kacha mkpa karịa ime ihe na-atọ Chineke ụtọ. Anyị maara ebe onye iro ahụ nwere bụ iweta otuto n'ihu ocheeze ahụ. Lee ka anyị ga-esi kpachara anya ka anyị ghara ịda dị ka ọ dara ma chọọ otuto ahụ nye onwe anyị."

N'ọgbụgba ndụ ochie, a na-ezochi Ebe Nsọ Kachasị Ebe Nsọ site na ákwà mgbochi. Naanị oge a na-ahapụ ka onye ọ bụla bata bụ otu ugboro n'afọ n'ụbọchị ahụ dị nsọ Yom Kippur.

Naanị Nnukwu Onye Nchụàjà na-abanye ma chụọ àjà ọbara ma chụọ ihe nsure ọkụ na-esi n'ihu oche ebere.

Taa, dị ka ndị na-agụ egwú a na-ahụkwa anyị ka ndị nchụàjà.

Gini mere anyi ji acho iba Ebe Nsọ? Ọkwa onye nchụàjà bụ ọrụ nketa. Onye nchụàjà jiri ndụ ya niile jeere Chineke ozi na ịchụ àjà iji Chineke rịọ maka mgbaghara ndị ya. Ufọdụ ndị nchụ-aja bụ ndị ajọ mmadụ nkacha njọ na mba ahụ, kama ịkatọ mmehie, ha sonyere na mmehie. Dị ka ndị na-akụ egwu ka anyị chebe obi anyị, ka anyị wee buru ọnụnọ Chineke bịakwute ndị Ya ka ha wee bata na-Ọnụnọ ya maka ọgwụgwọ, mweghachi na mgbaghara nke mmehie. Ka anyi jiri obi di ocha too ma na-efe ofufe n'enweghi ihere n'enweghi iwe n'enye Chineke.

Tupu onye nchụàjà ahụ abanye n'Ebe Nsọ Kachasị Ebe Nsọ Nile, o doro onwe ya nsọ. O wezugara onwe ya ma rio Chineke ka o sachapu ya na nmehie ya wepu ihe obula nke ga-kpasu Chineke iwe. Idị nsọ na-eme ka anyị mata Chineke, onye kewapụrụ onwe ya n'ebe ụwa a dị. Onye nchụàjà ahụ yi uwe pụrụ iche nwere agba mara mma nke nwere ọla edo, acha anụnụ anụnụ, odo odo na uhie.

Ka anyi hu Onye isi ochichi ofufe dika onye nchụàjà n'ihu Chineke.

Onye bụ Onye na-akpọ isiala nye Chineke?

Onye na-akpọ isiala nye ya abụghị naanị ndị na-abụ abụ n'ihu. Ndị anyị na-ekwe ukwe nye ga-efekwa Chineke. Anyị anaghị ewetara ndị ọzọ ọnụnọ nke

Chineke. Anyị na-efe Chineke ma ọnụnọ Ya jupụtara n'ime ụlọ ahụ, ndị mmadụ na-ahọrọ ịbanye ma ọ bụ ju ịbanye.

Iduzi Ofufe
Dị ka onye ndu ofufe, anyị na-amata Obi nke Nna anyị Chineke ma too Ya - ka anyị na-efe Chineke, Chineke na-akpọbata ndị Ya n'ihu Ya, Ọ na-emekwa ka obi anyị baa n'ime nkwenye miri emi. Dị ka ndị isi na-efe ofufe, nraranye anyị nye Chineke na ịhụnanya anyị nwere maka Chineke na-egosi site na ofufe anyị. Anyị enweghị ike ịme ka à ga-asị na anyị ma ihe, nka anyị nwere ike izochi mmekọrịta anyị na Chineke. Ọ bụ n'ókè ahụ ka anyị ga-egosipụta ofufe.

Gịnị mere anyị ji chọọ ịbịaru Chineke nso?

Ka ha wee chọọ ibi n'ebe ahụ - ruo mgbe ebighị ebi, na-ahapụ mmehie na chi ndị ọzọ niile. Na-achọ ịbụ nwunye Kraịst, ọ bụghị naanị ịbụ onye na-eso ụzọ. Ka obi ha wee meghee ịnata ozi nke fọrọafo, okwu Chineke site n'aka Pastorkọchukwu ma ọ bụ ije ozi a ga-enye mgbe ọrụ abụ ahụ gasịrị.

Dị ka anyị họọrọ ife, Chineke na-ewusi anyị ike igabiga ihe niile.

Ị chetara Pọl na-abụ abụ n'ụlọ mkpọrọ?

Mḅe ha tisiri ha ọtutu ihe-otiti, ha tubà ha n'ulo-nkpọrọ, nēnye onye-nche ulo-nkpọrọ iwu ka ọ debe ha nke-ọma: 24 onye, ebe enyere ya-ri iwu di otú a, ọ tubàra ha nime ulo-nkpọrọ di nime, kpọsie ha ọtọsi ike n'ukwu. 25 Ma dika n'etiti abali Pọl na Sailas nēkpe ekpere nābùku kwa Chineke abù, ndi-nkpọrọ we nēge nti n'olu-ha; Ọlu Ndi-Ozi 16:23-25.

Eji mkpuru obi, mmuo na aru mee mmadu. Mkpụrụ obi anyị nwere uche, ọchịchọ na mmetụta uche anyị. Mmụọ anyị na-esite na Chineke ma na-esokwa Chineke. Ahụ anyị bụ ebe anyị bi. Nke a na-enyere anyị aka ịghọta etu anyị si efe ofufe..

Ọnọdụ ndị iche iche nke Otuto na Ofufe ndị iche iche.

N'ógbè Mkpụrụ Obi

Egwú nwere ike ịkpali ndị mmadụ. Ọ na-akpali ndị mmadụ ịgba egwu, ịbụ abụ, "inwe ịhụnanya," ịda mba n'obi, na obi ụtọ.

Otutu egwu a na eme n'ógbè nkpuru obi. Ebumnuche ya bụ ịtụrụ ọchị. Mana egwu a na-akpali obi anyị ịbanye n'ihu Chukwu?

N'ógbè Otuto

Otuto malitere ije ozi n'ime mmụọ nwoke. Egwu a n'ebido manye mmadu itinye uche na Chukwu karia onwe ya. Mmụọ nke Chineke bidoro ịgagharị n'ime obi ndị mmadụ, O nwere ike iweta ọgwụgwọ, mgbapụta na onyinye ndị ọzọ nke Mmụọ Nsọ.

Tonu Ja. Bùkuenu Jehova abù ọhu, Bú otuto-Ya nime nkpọkọta ndi-ebere-Ya. 2 Ka

Israel ṅuria n'Onye meworo ya: Ka umu Zaion tegharia egwú ọṅù n'Eze-ha. 3 Ka ha to aha-Ya n'ite-egwú: Ka ha chiri egwú-otiti na ubọakwara bùkue Ya abù ọma. 4 N'ihi na ihe ndi-Ya nātọ Jehova utọ: Ọ gēji nzọputa chọ ndi di ume- ala n'obi nma. 5 Ka ndi-ebere ṅuri ọṅu-agha nime nsọpuru: Ka ha tie nkpu ọṅò n'elu ihe-ndina-ha. Abù Ọma 149:1-5

N'ógbè Ofufe

Mgbe onye ndu ofufe na-achọpụta Obi nke Chukwu ma na-efe Ya ofufe, **Chineke na-akpọbata ndị Ya n'ihu Ya.** Mgbe anyi banyere n'ihu Chukwu site na ife ofufe ndu anyi na agbanwe. Anyị na-abanye n'ihu Ya ịhapụ nchekasị anyị, nchegbu na nhọpụta anyị, anyị na-elekwasị anya na naanị Chineke. Anyị na-aghọta ịdị ukwuu Chineke, ịhụnanya Ya na onye Ọ bụ. Ọ bụ n'ebe a ka Chineke na-agwa obi anyị okwu na-enye anyị ọgwụgwọ, ntuzi aka na udo. Ọ bụ n'ógbè a ka anyị maara nke ọma banyere Ya.

Anyị enweghị ike ịtụ ụjọ ịbanye n'ofufe chiri anya nke Chineke n'ihu ndị ọzọ. Ọ bụ nanị site n'ịbanye n'ebe a ofufe chiri anya ka anyị nwere ike iduga ndị ọzọ na nnwere onwe nke igosipụta ịhụnanya ha n'ebe Nna ha nke Eluigwe nọ.

Otuto na Agha Ime Mmụọ

Mgbe anyị lere Eze Jehoshafat anya, anyị ga-ahụ ọnọdụ dị ịtụnanya:

Ma na mḅe ha malitere iti nkpu na ito otuto, Jehova tiyere ndi nēru nbì imegide umu Amon na Moab na ugwu Sia, bu ndi nābakuru Juda; ewe tịḅue ha. 2 Ihe Emere 20:22

Anyị na-ahụ ebe a na dị ka ndị nke Chineke ọ bụghị nanị na ha bụrụ abụ kama na ha toro Ya, O bibiri onye iro ahụ. Onwere oge Chineke n'eji otuto anyi dika agha nke Mo - mgbe ayi n'abụ abụ ndi iro gbalaga.

6 Ka nbuli-elu Chineke di

n'olu abu ha, Ka mma-agha nke iru abua di kwa n'aka-ha;
  7 Ibọ ọbọ n'aru mba nile, Ibara ndi nile di iche iche nba; 8 Iji nkpọrọ ke ndi-eze-ha, Na iji nkpọro-ukwu ígwè ke ndi-ha anāsọpuru; 9 Ime n'aru ha ikpé edere n'akwukwọ: Ihe mara nma ka ọ bu nke ndi-ebere-Ya nile nwere. Tonu Ja. Abù Ọma 149:6-9

Kedu n'ógbè egwu ị na-akpọ na egwu ị na-abụ na-eduga ndị na-ege ntị?

Ezigbo ntuziaka maka otuto na ofufe bụ ịghọta na anyị na-eso ihe Chineke na-eme.

Anyị kwesịrị ịghọta na e kere anyị ka anyi nyee Chineke otito.

Anyi ji obi di ocha bia n'ihu Ya.

Anyi na-bịa na-atụ anya ka Chineke megharịa.

Ka Chukwu n'aga soro Ya..

Ọrụ anyị bụ ịja Chineke mma ọbụghi ịtụ anya ka Chineke nyere anyị aka.

Anyị bụ ndị Nchụàjà n'iru Ya. Fee ya ofufe n'ime mmụọ na n'eziokwu ka ọbụghi iwetara ya ihere kama iweta ndị ya n'ihu ya ka O wepụrụ ha ihere.

Na-atụ anya na Chineke ga-agagharị n'etiti ndị Ya, Ọ na-ebi otuto nke ndị Ya na mgbe Chineke na-agagharị - anyị na-agbanwe.

Fee Chineke n'ime mmụọ na eziokwu. Sachaa obi gị tupu ịmalite igwu egwu. Weta otuto gị n'ihu ya dika onyinye. Ọ bụrụ na ị nwere mmehie ọ bụla, ma ọ bụ ihe ọ bụla megide onye ọ bụla lekọta ya anya tupu ị fee ofufe. Rịọ mgbaghara, kpochapụ esemokwu ahụ. Ka i we buru onye-nchu-àjà n'iru Ya..

Mụọ ihe **tupu ị gwuo egwu**. Mụọ ngwá ọrụ gị, mụọ egwu na ịbụ abụ n'otu. Gbaa mbọ hụ na ndị injinia nke otu gị nwere ngwa nkwalite niile tupu ị fee ofufe. Ekwela ka ndi otu ha mụa ihe n'oge ofufe. Anyị achọghị ịbụ ihe ndọpụ uche - anyị chọrọ ife Chineke.

A na-elekwasị anya na Chineke ọ bụghị na onwe anyị.

Tonu Ja.

Tonu Chineke n'ebe nsọ Ya: Tonu Ya na mbara-ígwé nke ike-Ya. 2 Tonu Ya n'ihi idi-ike-Ya nile: Tonu Ya dika iba-uba nke idi-uku-Ya si di. 3 Werenu ọfufù opì-ike to Ya: Chirinu une na ubọ-akwara to Ya. 4 Werenu egwú-otiti na ite-egwú to Ya: Chirinu ubọ eji akwara kwe na ọ̀jà to Ya: 5 Chirinu ájà nke anānu nke-ọma to Ya: Chirinu ájà nke nādasi udà ike to Ya. 6 Ka ihe ọ bula nke nēku ume to Ja. **Tonu Ja**. Abù Ọma 150:1-6

NYOCHAA: OTUTO NA OFUFE

1. Ibụ abụ na-enweghị mma Chineke - bụ naani ibụ abụ.
   a. Eziokwu
   b. Ugha

2. Anaghị ewere ndị oti egwu ka ndị nchụàjà.
   a. Eziokwu
   b. Ugha

3. Lusifa na-ewetebu otuto n'ihu ocheeze ahụ.
   a. Eziokwu
   b. Ugha

4. Dị ka ndị na-akụ egwu ka anyị _____ obi anyị, ka anyị wee buru Chineke _____ gakwuru ndị Ya ka ha wee nata _____, _____ na mgbaghara nke mmehie.

5. Ka anyi jiri otito na ofufe na_____ _____ na-enweghị _____ na-emechughị Chineke ihu.

6. Tupu onye nchụàjà abanye n'Ebe Nsọ Kachasị Ebe Nsọ Nile, o doro onwe ya nsọ. Anyi kwesiri ido onwe anyi nso tupu anyi efe ofufe?
   a. Eeh
   b. Mba
   c. Mgbe ụfọdụ

7. Ihụnanya anyị nwere n'ebe Chineke nọ na-egosi site n'ofufe anyị na-efe ya.
   a. Eziokwu
   b. Ugha

8. Anyị nwere ike ịme ka, nka anyi ga-ekpuchita oke nmekorita anyi na Chineke.
   a. Eziokwu
   b. Ugha

9. Dị ka anyị _____ efe ofufe, Chineke _____ anyị n'gabiga ihe niile.

10. Kedu ógbè nke abụghị ógbè Otuto na Ofufe?
    a. Otuto na Agha Ime Mmụọ
    b. Ógbè nke Nrọ
    c. Ógbè nke Mkpụrụ obi
    d. Ógbè Ofufe

11. Mgbe anyị na-abụ abụ, olee ihe anyị ga-eme iji hụ na anyị abụghị ndị ndọpụ uche?
    a. Mụọ ihe tupu ị gwuo egwu
    b. Gbaa mbọ hụ na injinia nwere akụrụngwa dị njikere tupu ịmalite

c. Ekwela ka ha muọ n'oge ofufe
   d. Ihe niile dị n'elu

12. Kedu nke na-abụghị usoro nduzi nke ga-esoro ihe Chineke na-eme?
    a. Mara na e kere anyị inye Chukwu otito
    b. Were obi di ọcha bia n'ihu Ya.
    c. Jiri ntụkwasị obi n'ime gị kpọọ egwu dị ka onye ọkpọ egwu
    d. Bịanụ na-achọ ka Chineke megharịa.
    e. Ka Chukwu n'aga soro Ya.

13. Ọrụ anyị bụ _____ Chukwu agaghị _____ Chukwu ga _____ anyị.

14. Ọ bụrụ na ọgbakọ esoghị anyị bụọ abụ, gịnị ka anyị na-ekwesịghị ime?
    a. Lekwasị anya na Chineke
    b. kparịe ọgbakọ ahu
    c. Kpọọ abụ ndị ọgbakọ nwere ike ịma
    d. Gbaa mbọ hụ na egwu adịghị oke elu ma ọ bụ dị oke ala.

CHAPTER 12
GBAGOTENU N'ỊHỤNANYA YA

I. Ihụnanya Anyị Adịghị ka Ihụnanya Chineke
Pọl nabatara ndị Filipaị nkeọma, ọ hụkwara ha n'anya nke ukwuu. O kwuru na ha bụ ọṅụ ya na okpueze ya. O kwuru, "Ya mere, guzosie ike n'ime Onyenwe anyị ..." Ọ nyere ha ndụmọdụ, ma ọ na - ekwukwa ikpe ekpere: "... n'ihe nile site n'ekpere na ịrịọsi arịrịọ ike, mee ka Chineke mara ihe unu na-arịọ. Udo nke Chineke, nke kachasi uche nile, ga-echekwa obi na uche unu nche n'ime Kraist Jizọs."
N'abalị taa, ekwere m na anyị kwesịrị imegharị okwu ndị a na ndụ anyị. N'ebe a, ebe anyị nọ ibe anyị nso, ọ naghị adị mfe n 'ihi na ụfọdụ na-arụ ọrụ karịa ndị ọzọ;
ụfọdụ abanyela n'ọkụ ntakịrị karia - ma nwee ọtụtụ ihe ọkụ. Ma ụfọdụ enwebeghị ya. Pol dị ka ọna-hapụ ihe niile a.
"Udo nke Chineke, nke kachasi uche nile, ga-echekwa obi na uche unu n'ime Kraist Jizọs."
Ndi Filipai 4:1-15
1 Ya mere, umu-nnam m'huru n'anya ndi agu unu nāgusikwam ike, ọṅùm na okpu-ezem, guzosienu ike otú a nime Onye-nwe-ayi, ndi m'huru n'anya.

2 Ariọm Yuodia, ariọkwam Sintiki, ka ha tukwasi uche n'otù ihe ahu nime Onye-nwe-ayi.

3 E, ariọkwam gi, onye ekekọtaworo mu na gi n'ezie n'ọlu Chineke, yere ndinyom ahu aka, n'ihi na mu na ha bakọsiri nḅa ike n'ozi oma, gi na Klement, na ndi fọduru mu na ha nālukọ ọlu, ndi aha-ha di n'akwukwọ nke ndu.

4 Nāṅurinu ọṅu n'Onye-nwe-ayi mḅe nile: m'gāsi ọzọ, Nāṅurinu ọṅu.

5 Menu ka madu nile mara obi-ọma-unu. Onye-nwe-ayi nọ nso.

6 Unu echeḅula onwe-unu n'ihe ọ bula; kama n'ihe nile ọ bula site n'ekpere na aririọ, ya na ekele, menu ka Chineke mara ihe nile unu nāriọ.

7 Udo nke Chineke, nke kachasi uche nile, gēche kwa obi-unu na èchìchè-uche-unu nche nime Kraist Jisus.

8 Nke fọduru, umu-nnam, ka ihe bu ezi-okwu ra, ka ha ra, bú ihe kwesiri nsọpuru, ka ha ra, bú ihe ziri ezi, ka ha ra, bú ihe di ọcha, ka ha ra, bú ihe kwesiri ihu-n'anya, ka ha ra, bú ihe ekwuru nke-ọma; ọ buru na idi-nma ọ bula di, o buru kwa na otuto ọ bula di, nāgukọnu ihe ndia.

9 Ihe unu matara, nke unu nata-kwara, nke unu nu-kwara, nke unu hu-kwa-ra n'arum, nēmenu ihe ndia: Chineke nke udo gānọyere kwa unu.

10 Ma aṅuri rim ọṅu nke-uku nime Onye-nwe-ayi, na uḅu a n'oge a unu malitere ọhu itukwasi uche n'ihe bayerem; nke unu nātukwasiri uche-unu nime ya n'ezie, ma unu enweghi oghere.

11 Ọ bughi na anamekwu okwu bayere nkpà: n'ihi na mu onwem mutara, n'ọnọdu ọ bula m'nọ, inwezu nime ya ihe nile nākpam nkpà.

12 Amataram uzọ iweda onwem, amata-kwa-ram uzọ

ibabiga ókè: n'ihe ọ bula na n'ihe nile ezíwo mu ihe-omimi a, bú inọ n'afọ-ojuju na inọ kwa n'agu, ibabiga ókè na inọ kwa na nkpà.

13 Enwerem ike n'ihe nile nime Onye ahu Nke nēmem ka m'di ike.

14 Otú ọ di, unu mere nke-ọma, n'isom nwekọ nkpaḅum.

15 Ma unu onwe-unu makwara, ndi Filipai, na nime nmalite nke ozi ọma, mḅe m'siri na Masedọnia puta, ọ dighi nzukọ Kraist ọ bula nke mu na ya nwekọrọ ihe n'okwu bayere onyinye na ọnina, ma-ọbughi nání unu onwe-unu; Ihụnanya Chineke dị oke egwu. Ọ chọrọ ime ọtụtụ ihe na ndụ anyị nke ga-agbanwe ndụ anyị. Ọ chọrọ iwepụ ihe bụ mmadụ n'ọdịdị, ma Ọ chọrọ ka udo nke Chukwu bịa, ma debe obi na echiche anyị na ya. E nwere oge ụfọdụ ọnọdụ na-akpali anyị; Chineke choro igbanwe anyi ka anyi wee di ka ya. Ekwenyere m n'ezie na Chineke chọrọ ịgbanwe ndụ anyị site n'ịhụnanya Ya nke ukwuu na anyị enweghị nnyonye anya nke ịhụnanya mmadụ - na-achọpụta na ịhụnanya Chineke karịrị ihe ọ bụla ọzọ. Chineke na eme ihe anaghi ekwe omume n'ime ndu anyi niile ka anyị nwee ike ịga n'ihu n'ịhụnanya Ya nakwa na ịhụnanya Ya ga-eru ụwa. Ekwetaghị m na ịhụnanya mmadụ agwakọtara n'ịhụnanya Chineke zuru oke. Ekwenyere m na ọzughị òkè. Mana ihe Chukwu choro imere anyi bu iwepu ihunanya nke anu aru ma tinye ihunanya n'ebe ndi ozo n'enweghi nsogbu n'ime onodu. Dịka ọmụmaatụ, ọ bụrụ na anyị hụrụ mmadụ n'anya, na-enyere mmadụ aka, ma ha emee anyị ihe ọjọọ dị ukwuu megide anyị, mgbe ahụ ọ na-ewute anyị ma anyị na-agbachitere. Ma Chineke na-ekwu, na udo nke Chineke

nke karịrị echiche niile, ga-echekwa obi gị na uche gị nche site na Jizọs Kraịst.

Ka anyị tụgharịa gaa na 1 Ndi Kọrint 13 (Nsụgharị nke Mesikwuo ya ike)

1 Ndi Kọrint 13:4-8 says: "Ịhu-n'anya nwere ogologontachi-obi, o nwe-kwa-ra obi-ọma; ihu-n'anya adighi-ekwo ekworo; ihu-n'anya adighi-anya isi, ọ dighi-afuli onwe-ya elu, 5 ọ dighi-eme ihe nādighi nma n'anya, ọ dighi-achọ ihe nke aka ya, oké iwe adighi-ewe ya, ọ dighi-agu ihe ọjọ emere ya; 6 ọ dighi-aṅuri ọṅu nime ajọ omume, ma ọ nēso eziokwu ṅurikọ ọṅu; 7 ọ nānagide ihe nile, nēkwere ihe nile, nēle anya ihe nile, nēnwe ntachi-obi n'ihe nile. 8 Ihu-n'anya adighi-ada mḅe ọ bula: ma ọ buru na ibu-amuma di, agēme ka ha ghara idi irè; ọ buru kwa na asusu di iche iche di, ha gāgwu; ọ buru kwa na ihe-ọmuma di, agēme ka ọ ghara idi irè; (ọ ga-efu uru ya ma eziokwu ga-achịkwa ya)."

Anyị bi n'oge nke Mmụọ nke Eziokwu. Ekwenyere m na Mmụọ nke Eziokwu ga-ewere ọnọdụ nke ihe ndị a. Ekwenyere m na Chineke na-eweta ya ike na ndụ anyị ka anyị wee mara eziokwu ahụ - ka anyị wee jee ije n'eziokwu ahụ ma rube isi nye eziokwu ahụ. O nyela anyị udo Ya, nke karịrị ihe niile anyị nwere ike ịghọta. Ịhụnanya anyị bụ mmadụ adịghị iji ịhụnanya Chineke tụnyere. Anyị na-ada ya. Ọ na-emetụta anyị. Ihe mmetụta uche anyị di na ya, ha na-adọkasịkwa. Mana oburu na ayi ekwe ka Chineke wepu ihe ndia na ndu ayi ka ihunanya Ya di n'ebe ahu - Ịhụnanya ya dị ọcha na-ezute ọnọdụ niile - mgbe ahụ anyị agaghị emetụta ọnọdụ ahụ.

M na-enye gị na ọ na-esiri anyị ezigbo ike, ọtụtụ oge, ịgbachi nkịtị mgbe anyị chere na anyị kwesịrị ikwu okwu. Ọ na-esiri anyị ike ịghara iwe iwe mgbe ọnọdụ bilitere nke na-anwa anyị oke. Chineke na-ewe iwe, kwa, cheta na; mana iwe ya di iche na nke mmadu. Iwe ya dị iche. Iwe anyi nwere otutu ihe nke ịhụnanya Ya n'enweghi. Iwe na esite na anyi abughi nke Chukwu nyere, otutu. Oge ụfọdụ Chineke ga-abịa n'iwe Ya, mana Ọ na-agwa anyị na Ya chọrọ ka ịhụnanya Ya were ọnọdụ nke ịhụnanya mmadụ a nke na-adịghị mma. Ọ bụ ịchọ ọdịmma onwe onye nanị, ọ na-eche nanị banyere onwe ya, na-achọ ọdịmma onwe ya, ọ bụ ihe ndị a niile - ọ bụ ekworo, ọ na-ebu isi, ọ na-etu ọnụ ma ọ na-ebuli onwe ya elu. Ma ịhụnanya nke Chineke anaghị eme nke ọ bụla.

II. Chineke Ji Ihụnanya Ya Na-emezu Anyị

Mana, ị maara na ị naghị amụta ihe a n'otu abalị. Na-amụta ya site na nhazi. Anyị na-amụta ya site na nhazi nke Chineke na-eme na ndụ anyị. Echetara m oge na ndu m mgbe Onye-nwe-ayi sirim "I nweghị ike ịhụ di gị n'anya, ị gaghị enwe ike ịhụ ụmụ gị n'anya karịa ka ị hụrụ ndị ọbịa na-abịa abịa." Nke ahụ bụ "nnukwu ngwugwu" mara ezigbo mma. Olee otú m ga-esi mee ya? Enwere m ike ịme nke ahụ naanị ma ọ bụrụ na m ekwe ya ka ọ nara m ihe na-adịghị ka Ya, ọ bụghị ịhụnanya Ya. Anyị nwere ịhụnanya maka ibe anyị, mana ọ nwere ike ọ gaghị abụ ịhụnanya Chineke; o nwere ike buru ihe anyi na eche maka ibe anyi. Mana mgbe **anyi nwere ihunanya Chineke n'ime anyi, mgbe ahu anyi Mmetụta n'uche di iche iche.** Chineke na-eme ihe na-enyere anyị aka n'ọnọdụ ọ bụla anyị na-amaghị ka anyị ga-esi mee ya. Enwere m ike ịgwa gị ebe a anyị nwere oge nsogbu. Oge ọnwụnwa; oge nsogbu maka umu anyi; na oge nsogbu maka onwe anyị - n'ihi na anyị huru ndụ nke anyị n'anya.

Mana n'ihi ịhụnanya Chineke na ndụ gị, ị na-agbalị

ịkpachara anya banyere ihe ị na-ekwu, ihe ị na-eme, otu ị si eme. Offọdụ n'ime anyị achọghị egosiputa ihunanya Chukwu nke oma, ka anyi ọnagosiputa ya? Mmadu ole mara nke ahu? I maara nke ahụ. Ma oge ụfọdụ mgbe ị na-egosighi ịhụnanya Ya, ndị nkuzi na-ewe iwe, ụlọ akwụkwọ na-adọka ma mmụọ na-agba ọsọ ebe niile. Mgbe ahụ anyị ga-abata ma kpee ekpere, wepụ ya. Chineke na-eme ka gị onwe gị zuo okè, n'ịhụnanya Ya. Ma **otu ụbọchị ị ga-enwe ike iguzo na ọgbakọ nke ndị mmadụ, ị ga-ahụ naanị ịhụnanya Chineke n'ebe ibe gị nọ n'ihi na Ọ ga-ewepụ ihe niile ọzọ na ndụ anyị - ọ bụrụ na anyị ga-ahapụ Ya.**

Otu ihe gbasara Onyenwe anyị, mgbe ụfọdụ anyị na-amị amị; anyị na-ekwu ma na-eme ihe. Mana ozigbo anyi mere, onwere ihe na-eme. Mmadu ole mara nke ahu? N'oge na-adịghị anya, anyị ga-ama na n'ezie abụghị Onyenwe anyị, mana ọ bụ mmeghachi omume nke anyị.

Chineke na - eme ka anyi zue oke n'udo Ya; Ọ na-eme ka anyị zuo okè n'ịhụnanya Ya. O kwuru na ihe ndị a niile ga-agabiga, ma ịhụnanya m agaghị agabiga ma ọlị. Udo m agaghị agabiga agabiga. Ọṅụ m agaghị agabiga ma ọlị. Chineke chọrọ n'ọnọdụ ọ bụla na ọnọdụ niile k'anyị zuru ike n'udo Ya, k'anyị zuru ike n'ịhụnanya Ya, ma anyị enwe ọṅụ Ya; **n'etiti ụdị ọnọdụ dị iche iche, Onye-nwe-anyị ga-echekwa anyị.**

Ọ na-ekwu ebe a, "Udo nke Chineke, nke kachasi nghọta niile, ga-eche obi gị na uche gị nche ..." Ọ bụghị naanị obi gị, mana uche gị. "... site na Kraịst Jizọs." Ihe ndị a agaghị agbanwe.

Eluigwe na ụwa ga-agabiga, ma Jizọs kwuru "Okwu m **AGAGHỊ** agabiga ma ọlị. "Na ihe Ọ na-eme na ndụ anyị ruo mgbe ebighị ebi. Amin? Ọ na-ewepụrụ anyị ihe mgbochi; Ọ

na-ewepụ anyị ihe, ọ bụrụ na a zụọ anyị ebe a ịpụ mba ndị
ọzọ, ọ dị ezigbo mkpa na zụrụ anyị n'obere ihe. Ọ dị ezigbo
mkpa na ịhụnanya Chineke bụ ihe na-achị ndụ anyị. Ọ dị
ezigbo mkpa na udo Ya dị, ma ọṅụ ya dịkwa. Ihụnanya ahụ,
udo na ọṅụ nke O nyeworo anyị ga-agwa ụwa n'ebe ahụ na
Jizọs hụrụ ha n'anya. Ma nke a bụ ihe kpatara anyị ga-eji
hapụ Onye-nwe-anyị iwepu ihe nzuzu na ndụ anyị ma hapụ
anụ ahụ ka ọ puọ k'anyị wee nwee ịhụnanya Ya dị ọcha na-
ebi n'ime anyị.

Anyị adịghị gosipụta Chukwu mgbe anyi n'agha iwe.
Anyị adịghị gosipụta Ya mgbe anyị chọrọ ụzọ nke aka anyị,
na-eme ihe nke aka anyị. Chineke choro ka anyi na Ya nwe
mmekorita, ya na ihunanya ya di uku na udo ya na ọṅụ ya,
ka anyi wee nwee ike gaako ọnu n'ime ihe obula Chineke
nwere ka anyi mee. Udo ya, ihunanya Ya, obi uto Ya ...
Enwere m ike ịgwa gị na enwere m nnukwu ndidi, enwere
m ntachi obi karịa n'afọ iri asatọ karịa nke m nwere na afọ
iri anọ. Enwere m ike ịgwa gị na O meela ọtụtụ ihe na ndụ
m, Ọ nwekwara ike ime otu ihe ahụ na nke gị. Okwesighi iri
afọ anọ iji mee ya. Ihe niile ị na-ewe bụ mkpebi siri ike ikwe
ka Onyenwe anyị gbanwee ndụ gị. Enwere ike ime ya ngwa
ngwa, ọ bụrụ na anyị ahọrọ n'ezie ije ije n'ịhụnanya Ya, ma
hapụ ihe mmadụ anyị kpọrọ ịhụnanya.

III. IHỊ NANYA NKE CHINEKE ANAGHỊ ATỤ ANYA IHE Ọ BỊ LA n'nkwughachi

Ihụnanya anyị merụrụ anyị ahụ ọ na-ewute anyị.
Hụnanya Chineke adịghị emerụ anyị ahụ. Ihụnanya
Chineke adịghị atụ anya ihe ọ bụla n'nkwughachi. Ọ dị ọcha
- ọ na-esetịpụ ma hụ mmadụ niile n'anya na-achọghị ihe ọ

bụla. Ọ bụrụ na ịchọrọ ihe na nloghachi, mgbe ahụ ọ ga-abụrịrị ụfọdụ ọchịchọ gị n'ebe ahụ na ịhụnanya nke gị. Chineke na-ekwu, "Atụla anya ihe ọ bụla n'aka ndị ọzọ. Hụ ha n'anya n'ịhụnanya nke Onyenwe anyị, ha ga-azaghachi n'ịhụnanya Chineke. Ma ọ bụrụ na anyị gosipụta ihe ọ bụla ọzọ, anyị na-egbochi ihe Chineke chọrọ ka anyị mee, ihe Ọ chọrọ ka anyị bụrụ. Ọ chọrọ ka ịhụnanya Ya gbanwee ndụ anyị. Ọ dị anyị n'aka. Ọ dịghị mpako, ọ dịghị etu onu, ọ dịghịkwa ebuli mpako elu. Ọ bụghị mkparị. Ihụnanya nke Chineke anaghị esi ọnwụnwe ikike nke ya ma ọ bụ n'ụzọ nke ya. N'ihi na ọ bụghị ịchọ onwe onye, ọ bụghị ịchọ ọdịmma onwe onye nanị, ọ naghị emetụ aka, ọ bụghị ihe iwe ma ọ bụghị iwe. Ọ dịghị agụkọ ihe ọjọọ e mere ya. Anyị kwesịrị ịchọ nke ahụ, ka ọbụ n'anyị ịchọghị ya? Anyị kwesịrị nke ahụ n'ihi na n'oge na-adịghị anya, mmadụ na-eme anyị ihe, ihe wee bilie n'ime anyị iji chebe onwe anyị.

Ọtụtụ afọ gara aga, Chineke na-emeso m ihe, m wee sị, "Ma Chineke, ekwesịghị m ụdị mmeso ahụ." Mmadu ole n'ime unu kwugoro ihe a? "Chineke, ekwesịghị m ụdị mmeso ahụ."

Enwerem isi ike banyere ya; n'ihi na amaara m na m ziri ezi. Ekwenyesiri m ike na m bụ onye ziri ezi, na ekwesịghị m ụdị àgwà ahụ. Ma Chineke sịrị m, "Gị isi ike! O nweghi ihe o mere ma ị kwesiri ya maọbụ na ikwesighi ya - hapụ ya!"

Nke a bụ ihe na - eme anyị: anyị na - eme otu ụzọ, Onyenwe anyị wee sị, "hapụzie ya. O nweghị ihe o mere." Ihụnanya Chineke anaghị achọpụta ihe ndị ahụ. Chineke ga-enye gị ya. O nwere otu nwoke anyị nyeere aka n'ajọ ọnọdụ, ọ bụkwa onye nkwusa ozi. Anyị enyerela ya aka ma mee ka ọ pụọ n'otu ọnọdụ gaa na nke ọzọ. Anyị kpere ya na ya na ezinụlọ ekpere maka ụdị ihe niile. Mgbe ọ ga-ekwu okwu banyere m, ọ ga-akpọ m "nwanyị ahụ." "Ọ ... nwanyị ahụ," ị maara. Afọ niile m nyeere ya aka, M wee sị, "Ruo ole mgbe, Onyenwe m ka m ga-enyere nwoke a aka ma ghara inwe nsọpụrụ site na ya?" O chetaghi aha m, mgbe ọtụtụ afọ na ọtụtụ afọ nke inyere ya aka. Mgbe ụfọdụ, anyị kwesịrị ịnagide ihe ndị a. Ma olee otú anyị si emeghachi omume na ya? Naanị m kwuru, "Onyenwe anyị, echere m na enyerela m ya aka ogologo oge." Ma Onye-nwe-anyị emetụghị otu ahụ. "Mana, Onyenwe anyi, anwatalam." Otu oge ekwuru m, "Onyenwe m, aga m etinye mkpọchi n'ọnụ ụzọ, na agaghị m enwe ndị ọ bụla ga-abịa ọzọ." Naanị m kwuru na oge ole na ole nye Onyenwe anyị. Ma Onye-nwe kwuru, sị, "Ugbu a ị matara na ị gaghị eme nke ahụ." Hụnanya Chineke bụ ihe ga-esete gakwuru ndi mmadu ma gbanwee obi. Obi umuaka, obi ndi okenye, obi mmadu nile. **Ihụnanya Chineke kwesịrị ime ya.** Anyị enweghị ike ime ya site na iti ha ihe, iti mkpu na ha ma ọ bụ iti mkpu na ha. Anyị enweghị ike ime ya site na iwe ha. Ọ naghị arụ ọrụ ahụ. Oge ụfọdụ ọ na adị anyị ka ya, na mgbe ụfọdụ anyị n'eme ya, mana ọ naghị arụ ọrụ.

Ihụnanya Chineke na-atachi obi n'ihe niile.

Oge na-abịa mgbe Chineke na-asị, "O zuola." Enweela mmadụ ole na ole na ndụ m Chukwu kpọtara m ha wee sị, "nweghị ihe ọzọ ị ga-eme ha. O mechaala." Daalụ Chineke, ọ bụghị ọtụtụ. Mana n'ihi na Onye-nwe anyi kwuru na o zuola, anyị lara azụ, ndị ahụ esoghịkwa Chineke gaa ebe ọ bụla. Ha laghachi azụ, nihi na Chineke maara ihe di ha n'obi. Chineke mara ihe ha nemegide Ya na imegide Mo Ya na okwu Ya na imegide ihu n'anya Ya.

IV. Ihụnanya Na-adị Ogologo Ntachi Obi

Onye-nwe-ayi chọrọ ịwulite n'ime onye ọbụla n'ime anyị ụdị ịhụnanya nke na-adịte aka ma nwee ndidi. Ọtụtụ ndị mmadụ - ndị na-eto eto - enweghị ndidi. **Ma ndidi bụ ihe ị ga-amụta site n'ịtachi obi.** Ma mgbe ụfọdụ a na m anụ nkwupụta okwu nye ibe, ma apụrụ m ịsị na ha anaghị anagide ihe ọbụla. Ha anaghị egosi ịhụnanya Chineke, ha anaghịkwa atachi obi n'ihe ọ bụla. Mana Chineke kwuru na ịhụnanya Ya na-adịgide. O nwere ndidi. Ọ dị obiọma. Anyị kwesiri taa inu okwu ya, si, "Onye nwe m, mejue m n'ihu Gi. Mejupụta obi m, jupụta uche m, jiri ịhụnanya gị mejupụta ahụ m."

Ọ ga-abụ iwu na ntụziaka, ihe enyere n'iwu tukwasi ihe enyere n'iwu na ahú n'elu usoro, na ahịrị n'elu usoro, obere n'ebe a na ntàkiri n'ebe ozo. **Chineke ga-agbanwe ndụ gị.** Nke a bụ ihe kachasị sie ike anyị ga-eme. N'ihi gịnị? Ọ na - ekwu, "Naanị m na - etinye ịhụnanya m n'ime gị. Ya mere, mgbe ị na-aga mba ọzọ, ha ga-amata na ọ bụ m zitere m. Na Ihụnanya m dị n'ime gị, ha ga-aza ịhụnanya m." Ihụnanya Chineke na-emetụta mmadụ ọ bụla, ọ gwụla ma ha agbanyela mbibi ma ọ bụ ike ekwensu na-achịkwa ha kpamkpam. Chineke na-akpọ anyị ka anyị rịọchitere arịrịọ, kpee ekpere, hụrịta ibe anyị n'anya, ịkwado okwu Ya, igosi ịhụnanya Ya ọbụlagodi mgbe enweghị ịhụnanya. Chineke kwesiri ntukwasi obi nebe anyị no, ya bu na anyị kwesiri iguzosi ike n'ebe Ya no. Anyị kwesịrị icheta Okwu a nke Ọ na-enye anyị.

"Nke fọduru, umu-nnam, ka ihe bu ezi-okwu ra, ka ha ra, bú ihe kwesiri nsọpuru, ka ha ra, bú ihe ziri ezi, ka ha ra, bú ihe di ọcha, ka ha ra, bú ihe kwesiri ihu-n'anya, ka ha ra, bú ihe ekwuru nke-ọma; ọ buru na idi-nma ọ bula di, o buru kwa na otuto ọ bula di, nāgukọnu ihe ndia. Ihe unu matara, nke unu nata-kwara, nke unu nu-kwa-ra, nke unu hu-kwara n'arum," Pol kwuru, "... mee:" Ọ sịghị, "Inụru mgbe m na-ekwu ya," ka ọ na Inụrọ ya? Ugbu a gee ya ntị: "Nụrụ ma hụ n'ime m ..." Nke ahụ dị ntakịrị karịa ịnụrụ ya? "... Chineke nke udo gādiyere unu. N'ebe a, Chineke ji Okwu nile obula nke O sitere na Akwụkwọ Nsọ a na-enye - O n'enye gi ya. I nwere ikike inweta ya. I nwere ikike ime ya nke gị, n'ihi na Ọ na-**enye gị** ya. Yabụ, ọ bụrụ n'ịchọrọ ịrịgo elu ntakịrị n'ịhụnanya Ya, nara ya!

Ọ na-enye gị ka ị wee nwee ike ịdị ka Ya. Ọ na-enye gị ya, n'ihi na Pọl kwuru, "Ihe ị mụtara ma nata ma nụ ma hụ n'ime m ..." Pọl bụ ihe atụ nke Chineke ji gosi ndị mmadụ ịhụnanya Ya na Okwu Ya. "Nke ahụ unu mụtara, nata ma nụkwa ma hụ n'ime m," ka Pọl kwuru, "... mee" "... mee. Chineke nke udo ga-anọnyekwara unu." Ọ na-enye anyị ya ọbụlagodi ugbu a.

Ugbu a, ana m ekwupụtara gị na Ọ ga-anwale gị. Amaara m nke ahụ. N'ihi ya, "Nweenụ obiọma n'ebe ibe unu nọ, na-enwekwanụ obi ọmịiko, na-agbaghara ibe unu, dịka Chineke gbagharaworo unu n'ime Kraịst n'ihi Kraịst." Amin? Mgbe ahụ hụrịta ibe unu n'anya site n'ịhụnanya nke Chineke, ọ gaghị alaghachikwa azụ. Anyi agaghi adi utoojoo ma obu ilu ma obu iwe, ma o gesi na Ya na gi rute ndi ozo.

Mgbe anyị gara Africa, banye India, Chukwu zitere anyị. O kwadebewo anyị, ka anyị wee ghara ịtụ egwu mgbe anyị na-aga. Ọ kwadebere anyị **n'ịhụnanya Ya** nke mere na mgbe anyị gara, ha ga-amata na ọ bụ Chukwu. Anyị banyere n'obodo ndị na-eri anụ mmadu; anyị bara n'ime ụdị obodo dị iche iche. Anyị banyere n'ime obodo ndị Alakụba, nwoke binyere anyị ụgbọ ala anyị bụ onye Alakụba. Anyị banyere ebe ahụ ... onye ozi ahụ soro anyị wee sị, "Ọfọn, anyị agaghị anọ ebe a ogologo oge, n'ihi na ha bụ ndị Alakụba." I maara ihe mere? Asịrị m, "Onyenwe anyị, I ga enye m okwu ga-eru ndị mmadụ n'obi." Ma O mere! Ha we nye Jizọs ndu ha. Ha si n'ọhịa pụta, ha na-abịakwa ma na-abịa. E nwere otu nwoke na nwanyị nọ ebe ahụ, na Onye-nwe anyi gwara m ka m nye ha Akwụkwọ Nsọ a ma gwa ha ka ha zụọ ma zụọ ndị a site na Mụọ nke Onye-nwe anyi. Ha guzoro ebe ahụ, anya mmiri na-agba ha, ha wee sị, "Anyị maara na nke ahụ bụ Chineke, n'ihi na Chineke etinyela n'obi anyị ime nke ahụ maka ndị mmadụ." Anyị ga-aga; anyị enweghị ike ịnọ. Anyị amaghị ihe merenụ, ma anyị maara na Chineke tinyere nlekọta ya na onye Ọ họpụtara ilekọta ha.

Ọ dịtụbeghị mgbe ha gwara anyị, "Ọ bụghị Chineke" ma ọ bụ "Ọ bụghị ịhụnanya Chineke." Ha maara na ọ bụ ịhụnanya Chineke. Ha ma na ọ bụ Chineke zitere anyị. Nke a bụkwa eziokwu banyere ndụ anyị; anyi kwesiri imata ihe anyi nuru na nke anyi huru site na ihunanya Ya, mgbe ahu Pol kwuru, "... mee ya." "... mee ya."

V. Nke Kasị Ukwuu n'ime Ha Bụ Ihụnanya

Ekelere m Chukwu n'ihi ihe O na-eme n'ime obi anyị niile, **anyị kwesịrị ịbanye ya.** Anyị kwesịrị ikwe ka ịhụnanya Ya were ọnọdụ nke ihe ndị ọzọ niile anyị nwere nke anaghị abara anyị uru, ma ọ bụ Ya. Ọ gaghị arụ ọrụ. Naanị ịhụnanya Chineke ga-arụ ọrụ; naanị ọñụ ya ga-arụ ọrụ, naanị okwukwe ya na-arụ ọrụ n'ime anyị. Nke kasịnụ n'ime ha bụ ịhụnanya Ya.

Chineke chọrọ ime ka anyị bata na mmekọrịta ahụ ka anyị nwee ike ime ihe ziri ezi mgbe anyị na ndị mmadụ na ụmụaka na-emekọ ihe. Ka anyi we ghara imebi ha, kama na ihu-n'anya Ya kariri ihe nile. M na-enye gị ihe mmegide site n'aka onye iro ọtụtụ oge na anyị ga-achọ ime ihe dị iche.

Mana ekwenyere m na Chineke na-akpọba anyị ebe ọ nọ, nke ahụ ga-enyere anyị aka inwe nghọta na ndidi na ọnọdụ niile. **God wants to put His love in us and remove the "mixture,"** so that He can make us strong to go out there and win people of any faith or all faiths to Him because He's the One that's going to do it. We just need to let Him do it. Paul said here: "Let your moderation be known unto all men. The Lord is at hand." And if he felt He was at hand, how much more do we know that He is at hand, and that we need God to prepare our hearts so that He can use us in touching other hearts and other lives.

Ekpere Mmechi

Nna, anyi ekele Gi n'ihi Okwu ahu. Anyị na-ekele gị, Onyenwe anyi Jizọs, I mere uzo ka ihunanya Gi zue oke n'ime anyi. Chukwu, anyi n'ekele Gi na I huru'uwa n'anya nke ukwuu wee nye anyi Jizọs. Jizọs, I hụrụ anyị n'anya nke ukwuu, wee nwụọ n'ihi anyị. Ugbua, Onye-nwe-ayi, ka ayi hu Gi n'anya otú a ka ihụnanya Gi ga-ejuputa obi anyi, uche anyi, mmadu nile. Mee ka anyị hụ gị n'anya, Jizọs. Ka ihe ndia nile gabiga. Ma kwe ka ihunanya gi biri n'ime obi anyi na echiche anyi. Anyị na-ekele gị, Onyenwe anyi Jizọs, maka Okwu Gị, ma anyị na-ekele Gị maka ihe I mere iji mezuo ya ka anyị wee nwee ihunanya a n'ime anyị.

Ka anyị wee rute ndị ana-ahụghị n'anya, ndị na-adịghị elebara anya, ndị na-enweghị onye ọ bụla hụrụ ha n'anya ma ọ bụ lekọta ha. Chukwu, kuziere anyi uzo Gi ka anyi jeghari na ha, ka anyi wee mejuputa Okwu Gi dika Okwu Gi na dika Mo Gi si di. Jizọs, anyị na-ekele Gị maka Okwu a. Ka ọ daba n'ime obi anyị. Ka anyị na-akpali ya, Jizọs. Ka anyị chọọ karịa ihe niile ikwe ka ịhụnanya gị jupụta akụkụ niile nke anyị ruo mgbe ndị ọzọ ga-ahụ Jizọs n'ime anyị.

Onyenweanyị, anyị na-ekele Gị maka Okwu a. Ka ọ banye n'ime omimi nke ịdị-nsọ anyị, Onye-nwe-anyị, ma mee ka anyị zaghachi jiri ịhụnanya gị, ka anyị wee hụrịta ibe anyị n'anya. Gọzie ndị a, onye ọ bụla nọ ebe a. Mee ka ihunanya gi bata n'ime ha, ka ihe ndi ozo gabigakwa. Mana ka ihụnanya gị dịrị, Jizọs. Mee ka udo gị dịrị. Mee ka ọṅụ Gị dịgide, Onyenwe anyị, ka ọṅụ anyị zuo oke. Anyị na-ekele Gị maka Okwu a. Jizọs, anyị na-eto gị ugbu a maka inyefe site na Mmụọ gị nke ịhụnanya gị, udo gị, ọṅụ gị, ezi omume gị na ịdị nsọ gị, Onyenwe anyị.

Mee ka anyi buru ndi Gi ndi n'acho Gi karie ihe obula n'uwa a, ka I were anyi mee ka uwa a biakwute Jizọs. Jizọs, anyị na-ekele Gị maka Okwu a dị oke ọnụ ahịa nke I nyeworo anyị.

Anyi n'ekele Gi n'otịto site na Mmuo Gi, Onye nwe anyi, dika okwu Gi si di. Anyi n'enye Gi otito ugbua, Jizọs, anyi n'eto Gi n'ihe niile I meere ma n'eme ugbu a, ma anyi n'ekele Gi n'oru emechara nke ezigbo ihunanya Gi. Na Aha Gị, Jizọs, anyị na-arịọ ya, na maka ebube Gị. Amin.

NYOCHAA: GBAGOTENỤ ELU N'IHỤNANYA YA

True or False

1. ___ Chineke choro igbanwe ndu anyi site n'ihunanya Ya ka anyi ghara inwe nnyonye anya nke mmadu - n'ịghọta na ịhụnanya Chineke karịrị ihe ọ bụla ọzọ..
2. ___ Ihụnanya mmadu nke agwakọtara na ịhụnanya nke Chineke zuru oke..
3. ___ Chineke chọrọ iwepu ịhụnanya nke anụ ahụ, ma tinye ịhụnanya maka ndị ọzọ na ọnọdụ agaghị emetụta anyị.
4. ___ Ihunanya na-eburu ihe niile na ihe obula na abia.
5. ___ Anyị na-ebi n'oge awa nke Mmụọ nke Eziokwu.
6. ___ Ihụnanya Chineke na-arụ ọrụ na ndụ anyị site na nhazi.
7. ___ Ihe Chineke n'eme n'ime ndu anyi bu ruo ebighi ebi.
8. ___ Ọ bụrụ na a zụrụ anyị ịpụ mba ndị ọzọ, ọ dị ezigbo mkpa na a zụrụ anyị n'ihe ndi ntakịrị.
9. ___ Chineke chọrọ ka ịhụnanya Ya nọchie anya ịhụnanya mmadụ, nke ịchọ ọdịmma onwe onye nanị, ịchọ

ọdịmma onwe onye nanị, ịchọ ọdịmma onwe onye, ekworo, otuto, itu ọnu, na mpako.

10. ___ Mgbe ụfọdụ iwe ọkụ na-egosipụta ihunanya nke Chukwu.

11. ___ Ihe niile ọ na-ewe bụ mkpebi siri ike ikwe ka Onyenwe anyị gbanwee ndụ anyị.

12. ___ Mgbe ụfọdụ ọbụlagodi ihunanya Chukwu chọrọ ihe na nkwụghachi.

13. ___ Chineke chọrọ ka ịhụnanya Ya na-achịkwa ndụ anyị. Mana ọ dị anyị n'aka.

14. ___ Ihụnanya Chineke dị ọcha..

15. ___ Ihụnanya na-atachi obi n'okpuru ihe ọ bụla na ihe ọ bụla biara; dị njikere mgbe niile ikwere ihe kachasị mma nke mmadụ ọ bụla, olile-anya ya anaghị ada mba n'ọnọdụ niile ọ na-atachi obi n'ihe niile (n'adaghị mba).

16. ___ Ndidi bụ ihe ị na-amụta site n'ịtachi obi.

17. ___ Chineke na-akpọ anyị ka anyị na-arịọchitere ndi mmadu arịrịọ, na-ekpe ekpere, na-ahụrịta onwe anyị n'anya, na-ejidesi Okwu Ya ike, na-egosi ịhụnanya Ya ọbụlagodi mgbe ọnọdụ bụ enweghị nke ịhụnanya.

18. ___ Anyị kwesịrị ikwe ka ịhụnanya Ya were ọnọdụ nke ihe ndị ọzọ niile anyị nwere nke na-abaghị uru nye anyị ma ọ bụ maka Ya.

19. ___ Chineke chọrọ itinye ihụnanya Ya n'ime anyị wee wepu "ngwakọta," ka O wee mee ka anyị sie ike ị ga merie ndị okwukwe obula ma ọ bụ okwukwe niile nye ya.

20. ___ Chineke na-akpọbata anyị n'ebe ọnọ ka o nyere anyị aka inwe nghọta na ndidi n'ọnọdụ niile.

21. ___ "Ihe unu matara, nke unu nata-kwara, nke unu nu-kwa-ra, nke unu hu-kwa-ra n'arum, nēmenu ihe ndia: Chineke nke udo gānọyere kwa unu."

22. ___ I nweghi ikike inata ikuchi Okwu Chineke.
23. ___ Chukwu ga eme ya ihe niile; ọ dịghị mkpa ka anyị mee ya n'ike.
24. ___ Chineke kwesịrị ntụkwasị obi n'ebe anyị nọ, mana anyị ekwesighi ikwesị ntụkwasị obi n'ebe Ọ nọ.
25. ___ Chineke ga akwado anyi, ka anyi ghara itu egwu mgbe O ga eziga anyi.

CHAPTER 13
EBEE KA ANACHỌTA OKWU?

Usoro ihe owuwu ụlọ: Ebee ka anyị na-achọta Okwu? - A na-akpọ gị ma ọ bụ ị gara? Akpọrọ gi?
A kpọrọ onye ọbụla n'ime anyị hụrụ Chineke n'anya ma na-ejere ya ozi nye nzube. Enyere anyị onyinye na ikike pụrụ iche nke dị anyị mkpa iji mezuo atụmatụ Ya maka ndụ anyị. Onye ọ bụla n'ime anyị pụrụ iche. Ufọdụ na-ahụ nkọwa ndị ọzọ n'anya ma ndị ọzọ na-ahụ nnukwu akụkọ n'anya. Ole na ole nwere nkà egwuregwu na ndị ọzọ maara nke ọma banyere egwu. O nwere ndị hụrụ ịgụ ihe n'anya na ndị chọrọ ịga ije n'okike. **O nwere ndị hụrụ ịgụ ihe n'anya na ndị chọrọ ịga ije n'okike. E kere anyị niile maka nzube puru iche n'obi.**
Abù Ọma 139:13-18 Nsughari Ndụ Ọhụrụ (NLV)
13 N'ihi na Gi onwe-gi enwetawo akurum abua: I nākpam n'afọ nnem dika esi ákpa ákwà.
14 M'gēkele Gi; n'ihi na ejiwo ihe di iche iche di egwu me ka m'buru oké ọlu: Oké ọlu ka ọlu-Gi nile di; Nkpuru-obim ma-kwa-ra ya nke-ọma. 15 Ọkpukpum ezopughi

n'anya-Gi, Mḅe emerem na nzuzo, Mḅe adurum nke-ọma, dika onye-ọ̀kà-ọdudu-ákwà si adu, n'ebe nile di ala nke uwa.

16 Anya-Gi abua huru arum mḅe o kēzughi okè, Ọ bu kwa n'akwukwọ-Gi ka edere ihe nile dim n'aru, Nke akpuru kwa-ubọchi, Mḅe ọ dighi otù ihe di nime ha. 17 Le ka èchìchè-Gi nile si di oké ọnu-ahia n'anyam, Chineke! Le ka ọnu-ọgugu nile ha si di uku ri nne! 18 Ọ buru na aguam ha ọnu, ha bara uba kari ájá: Mḅe m'tetaworo, mu na I nānọgide!

A kpọrọ onye amụma ahụ, bụ́ Jeremaịa, site n'afọ nne ya (Jeremaịa 1:5)

Pol kwuru na Chineke, "kewapụrụ m n'afọ nne m" (Ndi Galetia 1:15)

Ndị ọzọ, dị ka Aịsaịa, nwere oge Chineke kpọrọ ha. Ọmụmaatụ; Abraham, Gidiọn, Ezikiel na ndi ozo. Anyị nwere ike nwee uche na Chineke kpọrọ anyị site na mgbe anyị dị obere, ma ọ bụ ọ nwere ike iju anyị anya.

Ndi Rom 10:15 ma hà gēsi aṅa kwusa, **ma ọ buru na ezigaghi ha?** dika edeworo ya n'akwukwọ nsọ, si, Le, ka ha si ma nma nke-uku, bú ukwu ndi nēzisa ozi ọma nke ezi ihe!

Echela na ọkpụkpọ oku gị metụtara ntozu gị, ikike gị, mmezu gị ma ọ bụ ọbụlagodi ije gị na Chineke. Ọ kpọrọ gị ma kpụọ gị n'ihi nzube ya. **Ichọta ebum n'uche ya nye gị bụ ihe dị iche n'etiti ịgbalịsi ike nke onwe gị ma site na-erughari n'Mmụọ Ya.** I ga-ahụ ịmị mkpụrụ na afọ ojuju kacha ukwuu mgbe ị "nọgidesiri ike n'ime osisi vaịn" ma wepụta isi iyi nke ike gị na nduzi site n'aka Ya. Mgbe ị nọrọ n'ime ihe Ọ kpọrọ gị oku ka ị mee ma n'agharị na otịte mmanụ Ya ị ga-ahụ onwe gị ka ị na-erughari n'mmụọ ya.

. . .

Ka Anyị Nyochaa - A kpị rọ Gị?
Ebee Ka M Ga-achọta Okwu?

Okwu Chineke bu **ihe nke sitere n'onu Ya** abughi site n'uche nke aka ayi. Uche anyị na-eriju afọ mgbe niile site na ihe anyị nụrụ na ihe anyị na-eche. Ihe Ọ na-ekwu maka ọnọdụ dị ezigbo mkpa. Ọnọdụ na emetụta omume anyị maka otu anyi si kpaso ha àgwà. Ndị mmadụ na ihe ha na-ekwu na ihe ha na-eche nwere ike ime ka anyị megharịa ahụ. Mana, ọ bụrụ na anyị ekwere ka Chineke zụọ anyị, anyị **nwere ike mụta ịnụ olu Ya ma mata obi Ya**. Ọ bụrụ na anyị nọrọ Ya nso ma nwee mmekọrịta anyị na Ya, anyị nwere ike ibido ịnụ nke ọma na mgbe niile.

Nke a bụ ụfọdụ ihe anyị nwere ike ime iji na-arụkọ ọrụ na Mmụọ Nsọ nke na-akwadebe anyị ibu "Ọnụ" ya nke kwesịrị ntụkwasị obi ịbụ.

• Na-enye Ume Ọhụrụ. Iwuli onwe gi elu n'ime Okwukwe Gi di aso. Jud 1:20-25

• Nwee **oge gị** dara jụụ.

• Kpee ekpere, ịrịọchitere arịrịọ, fee ya ofufe, ịmụ ya, tụgharịa uche, dee na mkpakọrịta n'etiti gị na Chineke. **Ekpere** bụ igwa Nna gị okwu na ige ntị maka azịza Ya. Ọ na-egosi arịrịọ gị, mkpa na ihe ịma aka yana ịkekọrịta ọṅụ na ekele gị. Ndi Filipai 4:6 Unu echebula onwe-unu n'ihe ọ bula; kama n'ihe nile ọ bula site n'ekpere na aririọ, ya na ekele, menu ka Chineke mara ihe nile unu nārịọ.

Irịọchite ọnụ bụ iguzo n'ebe ọdịiche dị n'etiti Chineke na ndị Ya. Ọ bụ ikpe ekpere site na Mmụọ Nsọ dịka uche Chukwu maka ndị Ya. Mgbe anyị na-ekpe ekpere site na Mmụọ Nsọ, ọtụtụ mgbe anyị ga-enweta obi Ya ma kwaa ákwá maka ihe na-eme Ya ka ọ bee akwa.

Ndi Rom 8:26 Otù ahu Mọ Nsọ nēye-kwa-ra adighi-ikeayi aka: n'ihi na ayi amataghi ihe ayi gēkpe n'ekpere dika ayi nāghaghi ikpe; kama ọ bu Mọ Nsọ onwe-ya were isu-udè anāpughi ikwu nāriọrọ ayi aririọ.

Inwe ofufe bụ ikwe ka ịdị na-ekwupụta ọdịdị gị, oke egwu, ịtụnanya, ụdị, ịdị oke ọnụ ahịa, eziomume, ikpe ziri ezi na ọmarịcha Ọ dị. Ọ na-ezute anyị n'ofufe. Ofufe na-echetara anyị ka Chukwu anyị si hu anyị n'anya ukwuu ma dị ukwuu ma na-etinye mkpa anyị n'ọnọdụ dị mma.

Imụ akwụkwọ bụ ileba anya n'ime okwu Chineke; Na-atụle akụkụ Akwụkwọ Nsọ na akụkụ Akwụkwọ Nsọ.

Itụgharị uche bụ ilekwasị anya n'eziokwu ma ọ bụ n'àgwà nke Chineke ma jiri ekpere tụlee akụkụ eziokwu ahụ.

Ide ederede bụ ide ekpere gị, ihe ọ bụla Chineke gwara gị, amaokwu ndị nwere isi na echiche nke na-abịakwute gị mgbe ị na-atụgharị uche.

Gị na Chineke ịnye mmekọrịta bụ itinye ọnụnọ Ya na ndụ gị n'agbanyeghị ihe ị na-eme na ihe na-eme n'gburugburu gị ka I nwere ike ịmara Ya. Na-ekekọrịta mkpa ọ bụla, ọ ọṅụ ọ bụla na nchegbu ọ bụla. Na-ege ntị n'olu Ya ma nwee mmetụta dị nro maka Mmụọ Nsọ ya.

Ka anyị nyochaa - *Ebee ka m ga-ahụ Okwu?*

Otú e si amụ Okwu Chineke

Ka ị na-etinye oge n'okwu Chineke maka onwe gị, ị ga-ejupụta ma gbanwee ma ị ga-enwekwu n'ime gị inye ndị ọzọ.

Ọmụmụ site Isiokwu. Ya bu: Ntọala Nzọpụta ma ọ bụ Baptizim Mmiri, wdg.

Usoro oge. Akụkọ ihe mere eme na usoro nke ihe.

Na-amụ amaokwu site na amaokwu na-Akwụkwọ Nsọ.

Na-amụ Ndị Mmadụ. Omumu ihe omuma ma ọ bụ n'Akwụkwọ Nsọ nwekwara ike ịmasị. **Okwu Okwu.** Nkọwa na nkọwapụta nwere ike inyere anyị aka ịghọta eziokwu nke ọma ma ọ bụrụ na anyị ekwe ka Mmụọ Nsọ jeere anyị ozi ma duru anyị na nghọta ka mma. **Mkpughe.** Otutu mgbe, Chineke gemeghe obi ayi inabata ma ghota kwa ihe nke ayi kpuru isi na mbu ma ugbua anyi hu uzọ. Mgbe nke a na-eme ọ bụ oge dị ukwuu ịchọta eziokwu a na akụkụ Akwụkwọ Nsọ **Nkpali:** Nke a bụ ebe Okwu Chineke na-agba ume ma na-ebuli gị elu ma ga - enyere gị aka ịnagide oge nsogbu ma nyere gị aka iji amara Ya mgbasa ọrụ na ndị mmadụ na-emetụ aka.

Nkwa. E nwere ! t! tụ puku nkwa dị na Akw! kwọ Nsọ ma ha niile bụ maka anyị nkwado. ọtụtụ nkwa ndị ahụ nwere "ọ bụrụ". Mgbe anyị na-achọ "ọ bụrụ" ma mezuo ya, Chineke ga-eme akụkụ Ya.
Mee ka okwukwe gị sie ike ma chọta agbamume. Nanị otu ahịrịokwu n'amaokwu ga-ezu iji bulie obi gị elu karịa nsogbu ndị ahụ.
Nduzi. Kpụrụ ndị ahụ dị ebe niile na Akwụkwọ Nsọ. Mgbe anyị tinyere ha n'ọrụ anyị ga-aga nke ọma ma nwee ọganiihu n'ihe anyị na-eme.
Okwu mmekọrịta na ihe omume dị ugbu a. Mụọ ihe okwu Chukwu kwuru gbasara okwu mmekọrịta mmadụ na ibe ya. Oge na-agbanwe ma ndị mmadụ na-agbanwe mana okwu Chukwu ga-adịru mgbe ebighị ebi. Enwere azịza mgbe niile maka ọnọdụ ndị mmadụ na-eche ihu nke a pụrụ

ịchọta n'okwu Ya. Mgbe ayi duziri ndi mmadu n'ihe Chineke kwuru na ayi geguzo n'elu Oké Nkume Ya.
Ka anyị Nyochaa - *Otú e si amụ Okwu Chineke*
Udị Mmadụ Atọ.
Onye oru obula nke Chineke choro udi mmadu ato na ndu ya.
Anyị niile chọrọ ndị mmadụ. Onweghi onye ozi zuru ezu ma ọ bụ agwaetiti. E kwesịkwara ijere ndị ozi ozi. Anyị niile chọrọ agbamume, nnapụta na ịza ajụjụ. Ee, ijere ndị ọzọ ozi site na-igba n'Mmụọ Nsọ Chineke na-ewetakwara anyị ume ọhụrụ; mana, iji debe onwe anyi, ayi choro ndi ozo; ndị isi ike, ndị nwere obi ụtọ, ndị enyi na ndị nwere nsogbu.

Kdị Mmadụ Atọ. Anyị kwesịrị inwe **ndị na-eso ụzọ; anyị kwesịrị ịbụ ndị na-eso ụzọ na anyị kwesịrị mkpakọrịta.**

Ọ dị ezigbo mkpa ka anyị mara Chineke ma ghọta okwu ya. Ma anyị ga-ejikọkwa ndị mmadụ nke ọma. Ọtụtụ ndị ozi na ndụ nye ndị ezinụlọ ha, ndị enyi ha, ndị ọrụ ibe ha na atụrụ ha enweghị mmekọrịta dị mma. **O nwere ike ịbụ na e kewakwara ọtụtụ ihe n'ụka chọọchị ndị mmadụ na-eme ka ha ghara ịdị n'otu.** Ka anyị mee nke ọma n'ịhụ ndị mmadụ n'anya.

Ka anyị leba anya n'ụdị mmekọrịta atọ dị iche iche ga-enyere anyị aka ime ihe ziri ezi. **Ndị anyị na-ejere ozi.** Umụaka agaghị eto naanị onwe ha. Ha choro onye ga-eduru ha, duo ha ma buo ha. Nke a apụtaghị naanị n'ọmụmụ Akwụkwọ Nsọ mana na ndụ niile. Ndị mmadụ ga-eto nke ọma ma ha nwee nne ma ọ bụ Nna nke mmụọ. **Ndị na-eso ụzọ na-eto eto ga-agbagha okwukwe anyị ma nyochaa ije anyị.**

Ha dị mma maka "ahụike" anyị. Ha ga-eme ka anyị bụrụ ndị na-eto eto ma na-agbanwe agbanwe.

Ndị anyị na ha bụ otu, ndị enyi anyị, ndị anyị nwere ike inọnyere bụrụ onwe anyị ma nwee ike igosipụta etu ha siri hụ anyị. Mgbe "nanị anyị bụ-onwe anyị" ànyị ka na-asọpụrụ Chineke? Ndị **enyi anyị ga-ahụ akụkụ dị iche iche nke anyị karịa atụrụ anyị.** Ọ dịghị mma ka onye ọbụla nọrọ n'ọkwa nke ụkọchukwu ma ọ bụ onye ndu n'oge niile. Iso ndị enyi nwee ezi mmekọrịta ga-enyere anyị aka ibi n'mmụọ ma nọrọ n'mmụọ.

Ndị mmadụ na-azụ anyị ma na-eme ka anyị na-aza ajụjụ. Ndị nwere ike ịkpọ anyị ma gbazie anyị mgbe anyị na-apụ n'ụzọ. Ndi na-ejere anyi ozi ma na-enye anyi nri. Ndị Amụma, Ndị Nkụzi, Ndi Ekpechi na Ndịozi.

Omenala anyị nwere ike ghara ịghọta ụkpụrụ nke ịbụ ndị na-eso ụzọ na ịmụ ọrụ ọmụmụ bụ ihe a na-ahụkarị n'oge Jizọs nọ n'ụwa. Mgbe Jizọs kpọrọ ndị na-eso ụzọ ya, ha **chere na ọ bụ ihe ùgwù** na ọ bụ "Onye Ozizi ma ọ bụ Rabaị" họpụtara ha ka ha zụọ ha ka ha bụrụ "onye nkụzi ka ya." Ọbụna ndị òtù ezinụlọ ahụ ga-enwe obi ụtọ na a họọrọ otu n'ime ezinụlọ ha.

Ọtụtụ ihe anyị na-amụta na ndụ ka "ejidere karịa nkuzi." Ọ bụ ya mere anyị na onye ọzọ ji agabiga ihe ịma aka anyị ga-amụta n'uzọ kacha mma. **Nkuzi nke aka ga enyere anyi aka karia ikuzi ihe na klasi.** Anyị nwere ọtụtụ ndị nkuzi, mana ọnweghị ọtụtụ "Nna." Pọl kwuru sị, "A mụrụ m gị site n'ozi ọma."

I Ndi Korint 4:15 N'ihi na asi na unu nwere orú nnù ndi-ozizí na nnù ndi-ozizí ise nime Kraist, ma unu enweghi ọtutu nna: n'ihi na mu onwem nime Kraist Jisus were ozi ọma mu unu.

Anyị ga-abụ ndị a gọziri agọzi mgbe anyị hụrụ Nna ma ọ bụ Nne nke ime mmụọ nke "nke na-chebe mkpụrụ obi anyị" ma kwue okwu n'ime ndụ anyị. **Chọpụta ụdị mmekọrịta a** na ozi gị.

Ka anyị nyochaa - *Udị Mmadụ Atọ*

NYOCHAA: EBEE KA Ị GA ỊCHỌTA OKWU?

A Kpọrọ Gị?
1. Depụta ikike iri pụrụ iche Chukwu jiri gọzie gị.
2. Enyere gi okwu amuma banyere ọkpụkpọ oku gi? Dee nchịkọta ihe ị natara.
3. Olee ebe omume ma ọ bụ ihe omume Chineke nke kacha amasị gị? Kedị ndị na-asọpụrụ Chineke nke ị na-eso ma na-enwe mmasị na ha? Olee onye a kọrọ akụkọ ya na Akwụkwọ Nsọ ị ga-achọ ịdị ka ya?

Ebee ka m ga-ahụ Okwu?
1. Depụta ihe omume nke oge dị jụụ ị na-eme oge niile?
2. Họrọ ihe omume ohuru site na nkuzi itinye na-oge gi na Chineke. Dee atụmatụ ịmalite itinye echiche ọhụrụ a na oge jụụ gị.
3. I na-achọpụta n'onwe gị na i na-eto ịbịarukwu Chineke nso? Olee ihe ndị ị chọrọ ime ka ị bịaruo ya nso?
4. Họrọ otu akụkụ Akwụkwọ Nsọ nke baara gị uru n'oge na-adịbeghị anya ma dee ihe amaokwu a pụtara gị.

Otú e si amụ Okwu Chineke

1. Gụọ Abụ Ọma 119. Depụta ụzọ dị iche iche Devid siri soro Okwu Chineke nwee mmekọrịta?

2. Họrọ ụzọ ọhụrụ ị na-esitebeghị na mbụ ma kọwaa otú ị chọrọ isi tinye nke a n'ọmụmụ Akwụkwọ Nsọ gị.

Udị Mmadụ Atọ

1. Lee ndụ gị, depụta ndị mmadụ ị nwere na mpaghara nke mmekọrịta atọ ọ bụla. Ọ bụrụ na ị nwere ebe tọgbọ chakoo mee atụmatụ ma dee ya.

2. E Kọwaa ihe ọ pụtara mgbe Pọl kwuru, "A mụrụ m gị site n'ozi ọma."

3. Kọwaa ihe ọ pụtara ikuziri mmadụ otu esi na-eso ụzọ.

AJỤJỤ: EBEE KA A GA-CHỌTA OKWU?

1. Mgbe I noro n'ime ihe to kpooro gi ka ị mee ma gagharịa na otite mmanụ Ya I ga ahụta onwe gi ka I na-asọ site na Mụọ Ya.
   a. T
   b. F

2. Chineke na-akpọ anyị n'ihi ike anyị pụrụ iche, iru eru anyị na ije anyị na Ya.
   a. T
   b. F

3. Anyị nwere ike ịmalite ịnụ olu Chineke nke ọma na mgbe niile mgbe anyị.
   a. Gee egwu ofufe na-ada jụụ
   b. Nwee ezigbo mmekọrịta gị na Ya
   c. Na-nye uche anyị nri mgbe niile site n'ihe anyị na-anụ na ihe anyị na-eche
   d. Ọnweghị nke ọ bụ

4. Dịka anyị na-arịọchitere arịrịọ site na Mmụọ Nsọ, anyị nwere ike bido ịkwa ákwá maka ihe na-eme ka O kwaa ákwá
   a. T
   b. F

5. Itụgharị uche na Chineke pụtara:
   a. Nọdụ chikọ ụkwụ onu n'echeghị ihe ọ bụla
   b. Na-tụfu echiche gị na mmetụta niile nke onwe gị
   c. Ilekwasị anya n'eziokwu ma ọ bụ n'àgwà nke Chineke ma jiri ekpere tụlee akụkụ eziokwu ahụ
   d. Nke niile dị n'elu

6. Mmekọrịta gi na Chineke bu:
   a. Na-eme ọnụnọ Ya n'akụkụ ọ bụla nke ndụ gị
   b. Ikesaa ọṅụ gi niile na nchegbu niile gi na Chineke
   c. Inwe mmetụta n'olu nwayọ nwayọ Ya n'ụbọchị gị nile
   d. Nke niile dị n'elu

7. Mgbe obi anyị ghere oghe ịghọta ihe anyị kpuru ìsì nye ka a na-akpọ.
   a. Nkwalite
   b. Mmekọrịta
   c. Irịọchitere
   d. Mkpughe

8. Mgbe Okwu Chineke na-agba anyị ume ma na-enyere anyị aka ịnagide mmadụ ma ọ bụ ọnọdụ siri ike a na-akpọ ya.
   a. Irịọchitere

b. Nkwalite
c. Mmekọrịta
d. Mkpughe

9. Onye ọ bụla kwesịrị inwe ụdị mmadụ atọ na ndụ ya iji nwee ezi nguzo
   a. Ezi, ndị ọjọọ na ndị jọrọ njọ
   b. Aturu, ewu na inyinya-ibu
   c. Ndi nduzi, ndi na-eso ụzọ na mkpakọrịta

10. Ndị na-eso uzọ na-eto eto chọrọ anyị mana ha ga-emekwa ka anyị bụrụ ndị na-eto eto na ndị na-agbanwe agbanwe
    a. T
    b. F

11. Ndị anyị na ha bụ otu nwere ike inyere anyị aka nọrọ n'ụzọ ime mmụọ na nke mmụọ
    a. T
    b. F

12. Nkuzi nke aka abaghi uru dika omumu n'ulọ-akwukwo
    a. T
    b. F

13. Anyị nwere ọtụtụ ndị nna mana enweghị ọtụtụ ndị nkuzi
    a. T
    b. F

14. Nwere ike ịma ụma chọọ wee chụwa onye ndụzi
   a. T
   b. F

15. Okwu I na-enye n nasọputa site n'okwu ị na-ebi
   a. T
   b. F

CHAPTER 14
HÀ MAARA GỊ?

Ya mere ị chọrọ ịbụ Ụkọchukwu? **Ma atụrụ gị ọ maara gị? Jizọs bụ Ezigbo Onye Ọzụzụ Atụrụ.** Dị ka ndị ndu, anyị ga-amụrịrị ụzọ Ya ma mụta ịhụ ndị Ya n'anya dịka a ga-asị na igwe atụrụ abụghị nke anya kama ọ bu Ya. Dika anyị n'eje-ozi nlekọta ma gosipụta ihunanya Chukwu nwere maka igwe atụrụ Ya, ha ga-ebido ịmata anyị ma hụ anyị n'anya. Dịka ntụkwasị obi, ịhụnanya na nsọpụrụ na-eto anyị nwere ike ịnye atụrụ Chineke amamihe na nkuzi nke Chineke n'enye anyị site n'ocheeze ya. Na Jon 10 Jizọs kesara otu O si bụrụ Ezigbo Onye ọzụzụ atụrụ na otu atụrụ Ya siri mara olu Ya. Ọ na-ekerịta otu anyị nwere ike isi **soro ihe nlere anya Ya dịka ezigbo ndị ọzụzụ atụrụ.**

Jon 10:4 Mḅe ọ bula ọ chupuru aturu nke aka ya nile, ọ nāga n'iru ha, aturu ahu nēso kwa ya: n'ihi na ha matara olu-ya..

Mgbe onye ọzụzụ atụrụ na-azụ atụrụ ya ma na-elekọta ha, ha na-amata ya. Ọ bụrụ na onye ọzọ kpọọ ha atụrụ ahụ

ga-eleghara ha anya ma ọ bụ gbafuo. Ma mgbe onye ọzụzụ
atụrụ ahụ kpọrọ atụrụ ya ha na-bịakwute ya ma soro ya.

   Ọ bụrụ na agụụ na-agụ atụrụ, onye ọzụzụ atụrụ na-enye
ya nri, akpịrị na-akpọ ya nkụ, ọ na-enye ya ihe ọṅụṅụ, ọ
bụrụ na ọ na-arịa ọrịa, onye ọzụzụ atụrụ na-elekọta ya ruo
mgbe ọ dị mma.
   Jizọs bụ Ezigbo Onye Ọzụzụ Atụrụ ebe a bụ ụfọdụ ihe
atụ gosiri etu O si elekọta anyị dịka atụrụ. **Ezi Onye-ọzụzụ
aturu ahụ nwere nchegbu maka mkpa anyị** mkpa anụ ahụ
anyị dị ka nri na uwe yana mkpa ime mmụọ anyị.
   Abù Ọma 23:1 Jehova bu onye nāzùm dika aturu; ó
dighi ihe kọrọm. 2 N'ebe-ita-nri nke ahihia ndu ka O nēme
ka m'makpu: N'akuku miri nke izu-ike ka Ọ nedum
nwayo.
   Aisaia 58:6 Ò bughi nka bu obubu-ọnu M'nāropụta?
itọpu abụ nile nke nmebi-iwu, itọsa ihe-ọkiké nile nke yoke,
na izilaga ndi anēmebụ emebụ ka ha nwere onwe-ha, ka
unu tiji kwa yoke ọ bula? 7 Ò bughi ikèsara onye agu nāgu
nri-gi, ka i me kwa ndi ewedara n'ala ndi nāwaghari

Hà Maara Gị? 213

awaghari ka ha bata n'ulo-gi? mbe i huru onye ba ọtọ, ka i kpuchie ya: ka i ghara kwa izonari onye-aru-gi onwe-gi? Ka anyị jụọ onwe anyị ajụjụ ndị a:
Gịnị mere m ji nwee ụka?
Mmezu onwe onye, buwe isi, mpako.
Naanị ịsị na m nwere ụka.
Naanị iji mezuo oku m.
Naanị maka ego.
N'ihi na Chineke kpọrọ m.
Maka na m hụrụ ndị mmadụ n'anya, ọ na-atọkwa m ụtọ iso ha rụọ ọrụ.
Ọgbakọ gị tụkwasịrị gị obi?
Hà ma na ị nwere mmasị kachasị mma maka ha?
Ọtụtụ oge ndị mmadụ na-abanye dị ka onye ụkọchukwu ma ọ bụ onye ndu ma na-echeghị ụzọ ndị bara uru ha ga-eji "Na-azụ Atụrụ Ha." Ànyị aghọtara na ọ bụ ọrụ dịịrị anyị inye atụrụ nri na mmiri ma kpọbata atụrụ ahụ ebe ha nwere ike ịmụ ụmụ?
Dika Ndi ozuzu aturu anyi na akwadebe aturu anyi.
Idi Ndụ:
• Ntọala bụ́ isi
• Nchegharị
• Nzọpụta
• Baptizim Mmiri
• Baptizim nke Mmụọ Nsọ
• Jiri Okwu ahụ mee ihe n'ụzọ kwesịrị ekwesị
• Na-eto eto n'ụzọ ime mmụọ
• Zụlite Mkpụrụ nke ime Mmụọ
• Nagagharị site na Mọ nke Onye-nwe-ayi
• Na-elekọta oriri-nsọ (*mmemme nke Akwụkwọ Nsọ*)
• Oriri Nsọ

- Otu ụzọ n'ụzọ iri na onyinye
- Saa ụkwụ ibe gị
- Buru Okwu ahụ n'isi

Iji Mepụta:
- Ụlọ akwụkwọ Ụbọchị ụka - Nkuzi ntọala
- Otu ndị ntorobịa
- Kụzie otu esi agwa ndị ọzọ banyere Jizọs
- Agbamakwụkwọ
- Nraranye ụmụaka
- Ọzụzụ ndị ndu
- Mụta Chineke ọzọ …. Alaeze ya

Maka ntụfu:
- Ọrịa
- Ụlọ ọgwụ
- Ọdachi
- Mkpagbu
- Ọnwụ nke onye ị hụrụ n'anya

Maka Onye Ndú:
- Onye na-eduzi
- Dikọn
- Onye nchịkwa
- Onye Ozi
- Ụkọchukwu
- Onye nkụzi
- Onye nkwusa ozi-ọma
- Onyeozi

Dị ka ndị Ụkọchukwu **anyị na-azụlite onye kwere ekwe ruo ntozu okè**, na-enyere ha aka imezu ọkpụkpọ ha site na Mmụọ nke Onyenwe anyị. Anyị na-azụ ọgbakọ anyị otu esi abanye n'izu ike nke Onyenwe anyị ma biri n'udo.

Hà Maara Gị?   215

Anyị na-ekpe ekpere mgbe niile ma na-arịọkwa arịrịọ maka atụrụ anyị..
Abù Ọma 23:3 Ọ nēweghachi nkpuru-obim: Ọ nēdum n'uzọ nile nke ezi omume n'ihi aha-Ya.
Ndi Filipai 4:9 Ihe unu matara, nke unu nata-kwara, nke unu nu-kwa-ra, nke unu hu-kwa-ra n'arum, nēmenu ihe ndia: Chineke nke udo gānọyere kwa unu.
Ọrụ anyị abụghị idebe ọgbakọ anyị n'ime ụka mana ka anyị zụlite ha ma **zụọ ha ka ha banye n'ụwa niile.**

Ihe Nlereanya Pọl nke Ezigbo Onye Ọzụzụ Atụrụ:
2 Timọti 2:24 Ma orù nke Onye-nwe-ayi aghaghi ibu onye nādighi-alu ọ̀gù, kama ọ ghaghi idi nwayọ n'ebe madu nile nọ, ọ ghaghi kwa ibu onye nwere ike izí ihe, onye nānagide ihe ọjọ, 25 n'idi-nwayọ nādọ ndi nēdo onwe-ha imegide ya aka na nti; ma asi na ọ bu ezie ma eleghi anya na Chineke gēnye ha nchèghari ka ha we mazu ezi-okwu, 26 we teta n'ura manya pua n'ọnyà ekwensu, ebe orù Onye-nwe-ayi nwudeworo ha na ndu ka ha me ihe Chineke nāchọ .

Ndi Galetia 4:19 Umu-ntakirim, **unu ndi ime unu nēmem ọzọ** rue mḅe agēme ka udi Kraist di nime unu,
Ka anyị gụọ Matiu 25:34-40
34 "Mḅe ahu Eze ahu gāsi ndi nọ n'aka-nri-Ya, Bianu, ndi agọziri agọzi nke Nnam, ketanu ala-eze edoziworo unu site na ntọ-ala nke uwa: 35 n'ihi na agu gurum, unu we nyem ihe M'gēri: akpiri kpọrọm nku, unu we kuru miri nyem: abum ọbìa, unu we kpọbatam; 36 aḅaram ọtọ, unu we ḅokwasim ákwà: aru adighm ike, unu we letam: anọm n'ulo-nkpọrọ, unu we biakutem.
37 Mḅe ahu ndi ezi omume ahu gāza Ya, si, Onye-nwe-ayi, òle mḅe ayi huru Gi ka agu nāgu Gi, ayi we zùa Gi? ma-

ọbu ka akpiri nākpọ Gi nku, ayi we kuru miri nye Gi? 38 Òle mbe ayi hu-kwa-ra Gi ka I bu ọbìa, ayi we kpọbata Gi? ma-ọbu ka I nāba ọtọ, ayi we bokwasi Gi ákwà? 39 Òle mbe ayi hu-kwa-ra Gi ka aru nādighi ike, ma-ọbu n'ulo-nkpọrọ, ayi we biakute Gi? 40 Eze ahu gāza kwa, si ha, N'ezie asim unu, Ka ọ ra, bú otú unu si me ya nye otù onye nime umunnam ndia, bú ndi dikarisiri ntà, Mu ka unu mere ya nye. Anyị na-eleta ọgbakọ anyị mgbe ha nọ n'ụlọ ọgwụ, soro ha nọrọ n'oge aṅụri ha na ihe mwute nke ndụ. Rie nri, kpee ekpere, jee ozi ma kuziere ha **igosi na ị hụrụ ha n'anya**. N'ezie, Ọ bụ Ezigbo Onye-ọzụzụ aturu ma anyị kwesịrị ịlekọta atụrụ Ya ma anyị kwesiri icheta oge niile - **sọọsọ atụrụ ga-amụ atụrụ.**

NYOCHAA: HA MAARA GỊ

1. Dịka Onye Ukọchukwu ọ dị mkpa ịmụ ụzọ Chineke ma mụta ịhụ ndị Ya n'anya.
   a. Eziokwu
   b. Ugha

2. Ezi Onye-ọzụzụ aturu ahụ nwere nchegbu maka mkpa anyị, mkpa anụ ahụ anyị dị ka nri na uwe nakwa mkpa ime mmụọ.
   a. Eziokwu
   b. Ugha

3. Gịnị mere ụkọchukwu ga-eji nwee ụka? (Họrọ ihe niile ziri ezi)
   a. Mmezu onwe onye, ibu isi, mpako.
   b. N'ihi na Chineke kpọrọ ya.
   c. Naanị ikwu na ya nwere ụka.
   d. N'ihi na ọ hụrụ ndị mmadụ n'anya
   e. Naanị iji mezuo ọkpụkpọ ya.
   f. Naanị maka ego.

g. N'ihi na ọ hụrụ iso ndị mmadụ na-arụ ọrụ n'anya.

4. Ndi ọgbakọ gị _____ Gị? Ndi ha maara na ị nwere _____ _____ ha n'uche?

5. Ọ bụghị nchegbu nke ụkọchukwu iji nyere ndị nọ na ụka ya aka imezu ọkpụkpọ ha site na Mmụọ nke Onyenwe anyị.
   a. Eziokwu
   b. Ugha

6. Anyị na-ekpe ekpere na rịọchitere arịrịọ maka atụrụ anyị mgbe niile.
   a. Eziokwu
   b. Ugha

7. Olee ụzọ ise ị ga-esi gosi ndị ọgbakọ gị na ị hụrụ ha n'anya.
   a. Gbaa golf mgbe ha nọ n'ụlọ ọgwụ
   b. Gaa n'ememe agbamakwụkwọ ụmụ ha
   c. Nwee ihe omume na ụka ahụ nke ga-atọ ha ụtọ
   d. Gaa leta ndị ezinụlọ ha n'ụlọ mkpọrọ.
   e. Inaghị kpọbata ha n'ụlọ gị
   f. Kpee ekpere maka mkpa ha na ọrụ ụka
   g. Na-ejere ha ozi na mmeme ụka nke a n'ịmịkpọ anụ.

8. Ọ dị mma ịzụ ọgbakọ gị n'ụzọ ndị a (họrọ otu)
   a. Ụlọ akwụkwọ Ụbọchị ụka - Nkuzi ntọala
   b. Otu ndị ntorobịa
   c. Kụzie otu esi agwa ndị ọzọ banyere Jizọs
   d. Ọzụzụ ndị ndu
   e Mụta Chineke ọzọ .... Alaeze ya

f. Nke niile dị n'elu

9. Onye ụkọchukwu ma ọ bụ onye ndu kwesịrị iche naanị ụzọ mmụọ iji wee jere ụka ya ozi.
   a. Eziokwu
   b. Ugha

10. Naanị atụrụ na-amụ atụrụ pụtara na ụka ga-eto eto mgbe ha gbasiri ike n'ụzọ ime mmụọ.
    a. Eziokwu
    b. Ugha

IGODO

1. Ikwe ka Udo zuru oke nke Chineke
1. Ezi omume, eziokwu
2. Udo zuru oke, uche, tụkwasịrị obi
3. Ike
4. Ikpé, ezi omume
5. Udo
6. gbanwee, eme ohuru
7. Ìhè, mkpakọrịta, na-asachapụ

Eziokwu or Ugha
1. T
2. T
3. T
4. T
5. F
6. T
7. T

8. T
9. T
10. T
11. T
12. T
13. T
14. T

Itị nyere
1. b.
2. a.
3. c.
4. f.
5. d.
6. e.
7. g.
8. h.
9. j.
10. i.
11. k.
12. l.

2. Àgwà ma ọ bụ Elu
1. b
2. Eziokwu
3. c
4. Ugha
5. e
6. d
7. a, c, d, f, h

8. kuziere, duhie, nkem, ndị odibo m, ịkwa iko
9. T

3. Onye-nwe-ayi, I doziri udo nye anyi
1 b
2 c
3 a
4 c
5 b
6 a
7 b
8 c
9 a
10 b

4. Agha Ime Mmụọ
1 a
2 b
3 a
4 b
5 b
6 a
7 d
8 b
10 d
11 a
12 a
13 d
14 b
15 b

5. Esemokwu mgbanwe
1. b

2. a
3. a
4. a
5. b
6. b, c, d
7. c
8. b
9. a
10. b
11. b
12. b, c, d, g
13. f
14. b, c, f, g
15. c
16. d

6. Nke Enweghị aha ọma
Eziokwu or Ugha
1. F
2. T
3. F
4. F
5. F
6. T
7. T
8. T
9. F
10. T
11. T
12. F
13. T
14. T

15. T
16. T
17. T
18. T
19. T
20. T
7. **Ndị ọzụzụ atụrụ na atụrụ**
1. a, b, c, e, g, k
2. False
3. a
4. c
5. True
6. a, d, e, h, i, j, l
7. c
8. **Okwukwe Na-arụ Ọrụ Site Ihụnanya**
1. Nnwere onwe
2. Ezi Omume
3. Ihụnanya
4. Iwu
5. Anụ
6. Mkpebi
7. Kraist Jizọs
8. Baptizim Mmiri
9. Ihe okike
10. Na-eje Ije
11. Ime Mmụọ
12. Gbanwee
13. Ọzụzụ

Eziokwu ma obu Ugha

14. F
15. T
16. F

! T! Tụ Nh! Rọ
17. c.
18. b.
19. c.
20. a.

9. Opù eji atù mḅidi
1. opù eji atù mḅidi, opù eji atù mḅidi, opù eji atù mḅidi, ndi mmadu
2. Onye new anyi, ntinye onwe, kpam kpam nyefere
3. ọṅụ, nzọpụta, ịhụnanya, ntụkwasị obi
4. Nhọrọ, dị ndụ
5. Eziokwu
6. Kwere, dị njikere, nnwere onwe, ezi omume
7. tinyekwa, obi oma, ije ozi, mkpa, ozioma, mere, choro

10. Nkwupụta Ọhụụ
1. a
2. b
3. a
4. d
5. b
6. b
7. a
8. a
9. d
10. a

11. Otuto na Ofufe

1. Eziokwu
2. Ugha
3. Eziokwu
4. Nche, ọnụnọ, ọgwụgwọ, mweghachi
5. Ọcha, obi, ihere
6. Eeh
7. Eziokwu
8. Ugha
9. Họrọ, na-ewusi
10. b
11. d
12. c
13. Otuto, na-atụ anya, nyere aka
14. b

12. Na-arịelu N'ịhụnanya Ya Eziokwu ma obu Ugha

1. T
2. F
3. T
4. F
5. T
6. T
7. T
8. T
9. T
10. F
11. T
12. F
13. T
14. T
15. T

16. T
17. T
18. T
19. T
20. T
21. T
22. F
23. F
24. F
25. T

13. Ebee ka a ga-chọta Okwu?

1. a
2. b
3. b
4. a
5. c
6. d
7. d
8. b
9. c
10. a
11. a
12. b
13. b
14. a
15. a

14. Hà Maara Gị?

1. Eziokwu
2. nchegbu, nke anụ ahụ, nke ime mmụọ
3. b, d, g
4. ntụkwasị obi, kachasị mma, mmasị

5. Ugha
6. Eziokwu
7. b, c, d, f, g
8. f
9. Ugha
10. Eziokwu

ACKNOWLEDGMENTS

Thank you to those who have:

"I planted the seed. Apollos watered it, but it was God Who kept it growing." 1 Corinthians 3:6-8 (NLV)
Thank You

Isaiah 58 Mobile Training Institute website:
is58mti.org